JANTARES EM
DIFERENTES PAÍSES

Jacques Arago

Jantares em Diferentes Países
ESBOÇO ANEDÓTICO & FISIOLÓGICO

Tradução:
Marisa Motta

Título original em francês:
*COMMENT ON DÎNE EN TOUS PAYS: ESQUISSE
ANECTOTIQUE & PHYSIOLOGIQUE*

Reservam-se os direitos desta edição à
EDITORA JOSÉ OLYMPIO LTDA.
Rua Argentina, 171 – 1º andar – São Cristóvão
20921-380 – Rio de Janeiro, RJ – República Federativa do Brasil
Tel.: (21) 2585-2060   Fax: (21) 2585-2086
Printed in Brazil / Impresso no Brasil

Atendemos pelo Reembolso Postal

ISBN 85-03-00887-4

Capa: Cristiana Barretto e Flávia Caesar/Folio Design
Coordenação da coleção: Mary Del Priore
Acervo Museu Imperial – Coleção Paulo Geyer

CIP-Brasil. Catalogação-na-fonte
Sindicato Nacional dos Editores de Livros, RJ.

A673c
Arago, Jacques, 1790-1885
  Jantares em diferentes países: esboço anedótico e fisiológico / Jacques Arago; tradução Marisa Motta. – Rio de Janeiro: José Olympio, 2006.
  (Baú de histórias)

  Tradução de: Comment on dîne en tous pays: esquisse anectotique & physiologique
  ISBN 85-03-00887-4

  1. Arago, Jacques, 1790-1885 – Viagens. 2. Viajantes – Diários. 3. Gastronomia. I. Título. II. Série.

06-1447
CDD – 910.04
CDU – 910.4

SUMÁRIO

Apresentação — 7
Prefácio — 9
Introdução — 15

Jantar dos patagônios e dos gaúchos — 19
Jantar dos hotentotes — 29
Jantar dos carolinos — 35
Jantar chinês — 43
Jantar dos cafres — 51
Jantar dos nativos da Nova Gales do Sul — 55
Jantar dos habitantes das ilhas Sandwich — 59
Jantar dos papuas — 65
Jantares de náufragos — 71
Banquete sanguinário dos negros-feiticeiros — 89
Antigos jantares brasileiros — 91
Jantar dos antropófagos — 95

Epílogo — 105

APRESENTAÇÃO

A coleção *Baú de Histórias* se pretende uma janela para o passado e o presente. Ao mesmo tempo conhecimento do mundo e da cultura que nos cerca, ela convida à exploração de temas e autores que raramente estão ao alcance do leitor. Reunindo documentos e narrativas, textos literários ou de viagens, apresenta-nos a raros testemunhos de um universo e de um tempo que perdemos. Ao longo de suas páginas, se revelam terras de uma infinita diversidade, humanidades desconhecidas, terríveis condições de vida ou momentos privilegiados de descoberta sobre povos e fatos que o tempo levou. Gentilmente cedidos por renomados bibliógrafos como Paulo Geyer e José Mindlin, ou instituições como o Museu Imperial, estes textos de interesse literário, histórico e etnográfico são apresentados por grandes especialistas, além de prometer ao leitor o prazer de percorrer inéditos e raridades bibliográficas até hoje marcados pela indiferença e o esquecimento. É com alegria que convidamos o leitor a abrir este *Baú de Histórias*, na certeza de sua delícia e encantamento.

Mary Del Priore
Historiadora

PREFÁCIO

Jacques Arago (1790-1855) foi desenhista, escritor e grande viajante do final do século XIX. Estes escritos sobre a alimentação de diversos povos são parte de um conjunto volumoso de relatos de viagem do autor, publicados em muitos volumes, que inspiraram também seu amigo Júlio Verne a escrever, anos mais tarde, o clássico *A volta ao mundo em oitenta dias*.

Ao ler este livro sobre os jantares dos povos mais exóticos da Terra, o leitor não deve esperar encontrar propriamente um livro de culinária. Escrita na primeira metade do século XIX, esta obra se insere na longa tradição dos livros de viajantes que descrevem, mais do que os verdadeiros hábitos, o seu olhar sobre eles. É como uma cosmografia, portanto, vocação de detalhar todas as características e aspectos de novas terras, que esta narrativa se dedica a perseguir, pelo fio de continuidade das formas de se alimentar, um conjunto de mitos étnico-morais.

É uma antropologia selvagem, poderíamos dizer, de um europeu que vê na comida uma das mais fortes marcas da identidade moral. Nesse olhar, o foco é o "outro" em sua diferença mais radical, aquela que remete a uma das emoções mais primárias: a repugnância. O outro, em sua diferença essencial, é, antes de tudo, aquele que come coisas que nós nem ousamos pensar que possam ser saboreadas: porco-espinho, jaguar, hipopótamos, serpente, formigas, lêmures ou ninhos de andorinha — e, no limite, a própria carne humana. Tais são as iguarias que chocam a sensibilidade européia em sua visão do exotismo.

O nojo, emoção primária que constitui até mesmo uma das formas fisionômicas humanas características, embebe essa narrativa na qual o som dos hotentotes comendo é comparado ao da "água lodosa borbulhante no esgoto". O grotesco é, assim, o passaporte para o mundo da alteridade mais completa, aquela que espelha um pecado tão aviltante que aproxima os humanos dos animais e que, segundo o autor, mataria mais do que a peste e a guerra: a gula e sua irmã, a embriaguez, constituem este pecado animalesco dos que não pensam em Deus.

Jacques Arago não é, portanto, um esteta da alimentação, um festejador dos sabores picantes das cozinhas estrangeiras, mas um moralista que usa dos exemplos dos povos mais remotos do globo para reafirmar a condenação cristã aos prazeres, especialmente o da gula. Esta não só é contrária aos princípios dos evangelhos, como promove a sensualidade, consome tempo precioso, arruína famílias, devido aos gastos despendidos nas mesas dos banquetes, e torna as pessoas acostumadas ao convívio com o luxo insensíveis aos pobres e às suas necessidades simples.

Esse viajante, que desde a adolescência percorria diversos países, embarcou em 1817 no navio *Uranic*, do capitão Freycinet, como desenhista naturalista (são dele algumas das mais típicas ilustrações dos nativos do Havaí e de suas tatuagens), e nele navegou uma volta ao mundo que durou quase quatro anos, dos quais cerca de três meses foram passados nas ilhas Malvinas, onde, após um naufrágio, os tripulantes tiveram de sobreviver. Nesse périplo, Jacques Arago vai descrever os "jantares" de muitos povos, entre os quais os patagônios e os gaúchos, os cafres e os hotentotes da África do Sul, os chineses, os ilhéus da Polinésia, os brasileiros, os negros feiticeiros da Martinica, os papuas e os australianos, os antropófagos da ilha de Ombay, na Indonésia, e, finalmente, os dos próprios náufragos nas ilhas Malvinas.

Nestas descrições, serão abundantes os preconceitos e estereótipos reunidos como conjuntos de adjetivos pejorativos para sintetizar povos inteiros: hotentotes ("o povo mais sujo, mais idiota, mais desprezível, mais repulsivo do mundo"), chineses ("o povo mais limpo, mais astucioso, mais engenhoso, mais ladrão, mais insolente e mais hipócrita"). Há mais menções à repulsa, aos vômitos, ao desgosto, ao asco e à repugnância do que ao bom sabor e ao feliz desfrute dos alimentos. Os papuas teriam seu estômago "adaptado para digerir pedregulhos", além de mastigarem "peles pegajosas, vértebras nodosas, carcaças fétidas". A única exceção são os ilhéus do arquipélago das Carolinas, onde o povo "mais doce, mais amável, cordial, generoso e, talvez, também, o mais belo da Terra" vive do produto dos coqueiros, escalados com elegância e destreza.

Os estereótipos são constantes: os chineses comem pouco e vivem basicamente de três produtos (chá, arroz e tabaco); os cafres, com "coração, braços e vontade de ferro", comem leões e hienas e bebem uma bebida mais forte do que a aguardente (?); os habitantes da região australiana da Nova Gales do Sul se refestelam com formigas, larvas e serpentes; nas ilhas Sandwich, além de "pastas viscosas" feitas com a saliva do rei, e de cruéis formas de preparo, como atirar uma porca viva num forno, também se observa o uso de primitivas pranchas de surfe; entre os gaúchos, para não matar um cavalo para saciar a fome de um só homem, é retirado um único bife do lombo do animal vivo, deixado livre depois para recuperar-se de seu ferimento; no jantar brasileiro, sete convivas são servidos por quinze escravos; na Martinica sacrificam-se crianças em rituais de feitiçaria canibal. Mas o pior dos lugares descritos é a ilha antropófaga de Ombay, perto de Timor, na Indonésia, onde o autor esteve e sobreviveu, deixando, porém, para os leitores o aviso imperativo: não vá para esse lugar!

O Brasil, "terra privilegiada que a civilização já abastardou", diante de tanto exotismo conhecido por Arago, só lhe trouxe a sensação de tédio, as refeições que ele partilhou eram à moda européia, os brasileiros que conheceu falavam francês e tudo "recende à cidade européia", à exceção das frutas, "as mais deliciosas do mundo".

Durante a viagem no navio, também se come a bordo: feijões mofados, biscoitos bichados e ervilhas bolorentas e tão duras que poderiam servir de balas de fuzil. Pior foram os repastos dos naufragados nas Malvinas, quando a fome ("crueldade sem perdão, raiva sem piedade, delírio sem clemência") levou-os a buscar na caça de pingüins, elefantes e leões-marinhos, uma carne dura, ácida e oleosa, que provocava dores de estômago.

Ao voltar para a França, Arago ficou cego, o que não o impediu de continuar a publicar suas narrativas de viagens, intituladas então *Recordações de um cego*, escrevendo-as no curioso gênero dos lipogramas, ou seja, textos sem o uso de uma determinada letra do alfabeto, como no caso de *Viagem ao redor do mundo sem a letra A*, publicado em 1853.

Desenhista, escritor, pintor, prestidigitador, lipogramista, viajante, moralista, Jacques Arago inscreve-se na galáxia dos que trazem aos seres humanos simples e acomodados, que se enraízam em seus lugares natais, a visão e, neste caso, os sabores (e dissabores) dos povos distantes e de seus hábitos, estranhos para aqueles que, acostumados a seus costumes, comidas e hábitos, julgam exótico tudo que não é comum. Compilador de um catálogo de exotismos alimentares que muitas vezes revela mais o olhar estranhado do observador do que o sabor peculiar das iguarias dos nativos, este livro excepcional vale tanto como um documento de uma embrionária antropologia de campo, como um retrato de uma idiossincrasia européia que menospreza as técnicas de sobrevivência de povos isolados em ambientes rudes e de provisões escassas.

Henrique Carneiro
Dep. de História,
Universidade de São Paulo

INTRODUÇÃO

Enquanto o mundo inteiro fala de guerras, calamidades, catástrofes, acontecimentos tão comuns em nossos dias, quero, em vez disso, abordar um tema menos triste. Meu pequeno livro trata de fatos curiosos, situações verídicas, cenas bem divertidas.

Presenciei tudo o que vou lhe contar.

Você sabe como se realiza um jantar em Paris, Londres, São Petersburgo, Berlim, Madri, Viena; mas saberá como é jantar com povos dos quais somos separados pelo diâmetro da Terra. Para você, diminuirei o globo terrestre.

Leia minhas páginas à mesa, comendo; serão apreciadas duas refeições ao mesmo tempo.

Berebeux foi meu aluno.[1] É bem verdade que ele não fez a volta ao mundo, só conhecia a galinhola, o melro, o cherne, a codorna, o perdiz, o faisão, o pato, a trufa e outras iguarias bem saborosas. Que excelente jantar ele teria feito, meu Deus, se tivesse como eu saboreado porco-espinho, jaguar, hipopótamo, a serpente negra, formigas, ninhos de andorinhas e o lêmure!

---

[1] Berebeux, poeta francês, autor de *Gastronomie*.

Teria o pobre poeta morrido de indigestão ou talvez de fome? Ignoro. Ele já morreu, portanto pouco importa.

Você viajará pelo mapa-múndi em cada um de meus capítulos; é possível que meus detalhes tão verdadeiros, tão picantes, possam despertar em algumas pessoas o desejo de enriquecer o outro hemisfério com nossas invenções.

Quanto a vocês, leitores, a escolha poderá ser entre um jantar hotentote ou um jantar parisiense. Julgo-os suficientemente sensatos para que não desprezem o antípoda de Paris.

Mesas, *couverts*, uma toalha branca, guardanapos, cadeiras confortáveis, tapete macio, candelabros refulgentes, elegantes toaletes, conversas animadas, duas pitadas de maledicência, uma de calúnia... eis o que se encontra em nosso país nesses pomposos jantares em que o luxo disputa com a glutonaria; isso é o que chamamos de jantares.

Para nós, europeus, as refeições realizam-se entre dez e meio-dia ou entre dezoito e vinte horas; tudo é determinado, preciso, regular. Ordena-se, sob pena de indigestão, que se tenha fome nas horas indicadas. Somos condenados a sentar, saborear todos os pratos e nos encharcar de todos os vinhos.

Na verdade, os povos civilizados são os mais selvagens do mundo.

Conheci, nas minhas andanças, um agricultor da Île-de-France chamado Chomel e guardei na memória uma palavra dita por ele, digna dos tempos felizes de nossas tavernas modernas. Tinha ele o hábito de sentar-se ao meu lado na cabeceira da mesa do senhor Pitot, um dos mais ricos, mais divertidos e mais generosos fazendeiros da colônia. Seus jantares eram magníficos, nos quais o luxo europeu exibia-se em toda a sua plenitude.

Certo dia, durante um banquete suntuosíssimo, o senhor Chomel levantou-se, esticou o pescoço, observou as iguarias com um olhar inquisidor e tornou a sentar-se franzindo o sobrolho.

— O que há com você, meu caro Chomel?
— Estou triste.
— O que lhe aconteceu?
— Meu pobre amigo, não vejo nesta mesa nada que eu possa recusar.

Feliz observação, porém, considere que ela foi feita na Île-de-France, isto é, entre a Europa civilizada e a Oceania selvagem.

Você sabe como se vive na França; saberá também, meu leitor, como se vive com os cafres, com os hotentotes, com os sandwishianos; no meio dos povos da Nova Holanda e, por fim, com os antropófagos. Oferecemos um novo curso gastronômico à sua capacidade de reflexão.

Bom apetite!

JANTAR DOS PATAGÔNIOS E DOS GAÚCHOS[2]

Monta em seu cavalo, parte, ei-lo no horizonte. Nenhum país do mundo tem cavaleiros comparáveis aos da Patagônia.

O *pampeiro*, esse terrível vento que nivelou as imensas planícies do Paraguai e da Patagônia, esse vento tempestuoso que arrebenta os cabos dos navios e os vomita na praia devastada, que abafa a voz humana com seus gemidos e o som das ondas revoltas, não é mais rápido do que o patagônio quando ele tem a felicidade de escolher, a seu gosto, seu corcel.

O corcel do patagônio é o único amigo desse indomável centauro, que odeia e foge das cidades como você fugiria e detestaria a solidão do deserto.

No entanto, engano-me, o patagônio tem outros amigos: um punhal embainhado dentro de sua bota de couro, um laço com nós, um laço com bolas e uma escopeta; é tudo o que possui e, com isso, acredita possuir o mundo.

---

[2]O texto de Arago, como sugere o título deste pequeno livro, sofreu alterações e supressões necessárias a uma publicação destinada, em especial, à juventude. O estilo foi também aprimorado em muitos trechos. Apressamo-nos a advertir o leitor que esta obra é muito mais um livro instrutivo, de recreação e de estudo de costumes que um ensaio gastronômico!...

A escopeta, o punhal, os laços, seu corcel e o deserto, nisso resume sua família, e ele não deseja outra. Assim, quando surgir o tigre malhado o pampiano se encontrará sozinho, de pé sobre essa terra que ele olha como sua propriedade e que não quer disputar com ninguém.

O tufão também lhe oferece resistência em sua luta permanente contra os fenômenos meteorológicos que assolam essa estranha parte do Novo Mundo. Mas quando a forte rajada invade o espaço, o pampiano deita-se, agarra-se a uma pedra sólida ou a algum pedaço de tronco de árvore decepada, e espera calmamente que a tormenta exale seu último suspiro.

Monta em seu corcel, que permanecera encolhido ao seu lado, e novamente atravessa de um salto as profundas ravinas, lança-se a nado nas rápidas correntezas, soltando seu grito de desafio que ecoa pelo espaço.

Ouviu uma resposta: de quem? De um jaguar, o mais ágil, astuto e audacioso dessa raça de tigres que percorre o Industão, dizima caravanas africanas e povoa a solidão da América meridional.

Os dois rivais encaram-se; um deles irá jantar, e será o patagônio; o outro, o tigre esfomeado, deixará ali, em menos de meia hora, os restos ensangüentados de seu corpo dilacerado, enquanto miríades de corvos cruzando o céu se abaterão, em alguns segundos, sobre seu cadáver. O pampiano é generoso; primeiro tira a sua parte e só abandona sua vítima porque não há por perto nenhum outro ser poderoso querendo disputá-la.

O laço com bolas executara sua tarefa: enlaçou os jarretes do feroz animal. A fera caiu, o pampiano jogou-se sobre ela, furou o coração do tigre, rasgou-lhe o ventre, o esfolou. Uma pele magnífica, sem defeitos, será levada a Buenos Aires ou a Montevidéu; enquanto isso, o pampiano prepara-se para saciar sua fome.

Com duas batidas em uma pederneira elíptica na qual seus dedos penetram, ele acende o pavio: arbustos ressecados pelo sopro do vento do pólo austral foram empilhados formando a fogueira. A chama eleva-se, rodopia; dois golpes de punhal cortam um pedaço da coxa ou da espádua do tigre esquartejado, depois é lançado na brasa, enrijece, enegrecido pela fumaça. A mão ou a ponta do punhal agarra-o ainda sangrando e a refeição começa.

Uma nuvem de animais vorazes aguarda a carniça com gritos semelhantes ao rumorejar da catarata que cai no fundo do abismo.

Saciada a fome, é preciso beber. Onde está a amoreira, a fonte, onde está a cachoeira ou o regato? É o escravo quem vai indicá-los ao senhor, é o cavalo que conduzirá o pampiano até lá; este dirige-lhe algumas palavras cuja sonoridade agita as orelhas do corcel, que estremece, bate as patas, abre as narinas, fecha-as, reabre-as, aspira com força em sua volta, girando; pára, afinal, em um dos pontos do terreno: é aí que se encontra a cachoeira ou o riacho.

O pampiano joga uma manta sobre o *recado**, envolvendo os flancos de seu companheiro de viagem; a pele

---

Recado, em espanhol platense, é o arreio da montaria. (*N. da T.*)

do tigre feroz foi dobrada como uma maleta. Depois salta sobre o cavalo colocando os pés nos estribos grandes o bastante para recebê-los, sem se importar com o que deixara para trás.

Hoje o jantar dos pampianos teve água limpa da cachoeira e carne enrijecida dos tigres; mas, às vezes, acontece ser o tigre quem janta, sem deixar grande coisa para os abutres ou para as águias negras da cordilheira ocidental.

Vocês querem fazer agora o que eu fiz, há pouco tempo? Algumas excursões aos desolados pampas? Encontraremos lá, meus amigos, as mais variadas emoções; e após uma vitória semelhante eu lhes asseguro que a carne acre e salgada do tigre lhes parecerá tenra e suculenta.

Citei, no início dessa rápida narrativa, em que me fixei apenas nos principais fatos: o gaúcho, rival do patagônio, ou seu vencedor. Pois bem! O gaúcho come sempre muita carne de tigre; com mais freqüência ainda a carne de cavalo, mais barata e mais saborosa. Juro que comi bife de dois cadáveres, de cavalo e de jaguar, e, ao contar essas caçadas e esses jantares, parece-me que a digestão ainda não se fez. A memória digestiva é uma dádiva funesta.

Além disso, já que o ritual não foi longo e a refeição do pampiano é quase tão rápida como o vento pampeiro, é desnecessário que eu lhe faça assistir a um jantar gaúcho. Desenrola-se, mais ou menos, como o do tigre; mas quero iniciá-lo nos prazeres vividos em minhas longas peregrinações. Ouça.

O gaúcho partiu como o patagônio. Seu cavalo de jarretes finos e nervosos ele o domara nos pampas, sem estribos ou freios, apenas com a ajuda da voz, do olhar e de seus punhos fortes. O gaúcho vai em busca da pele do jaguar, assim como do avestruz selvagem cujas penas ele vende aos capitães dos navios europeus que ancoram em Montevidéu.

A luta por essas conquistas exige destreza e agilidade; sabe-se quanto de sangue frio e coragem são precisos para vencer o jaguar e, se me for dado tempo, contarei as surpreendentes façanhas de um gaúcho e de um pampiano que, certo dia, se desafiaram em um café. Os dois dispararam através do deserto, onde sua vaidade de domadores os expôs aos mais terríveis perigos. Só o gaúcho voltou ao seio da família.

Nas minhas *Viagens ao redor do mundo* relato as proezas desse gaúcho e desse patagônio; aconselho-o a ler essa história; meu convite é uma propaganda à parte.

Por enquanto, falemos do jantar do gaúcho.

Você deixou o cemitério de Montevidéu a um quarto de légua a oeste da cidade e agora está no deserto. O gaúcho embrenhou-se nas estepes que limitam, abruptamente, as imensas e eternas florestas que começam no Brasil e terminam aqui, costeando uma terra há poucos séculos abandonada pelas águas do rio.

Observe: o solo se move, é uma avalanche que desaba com um tremendo estrondo; espessas nuvens de poeira levantam-se e encobrem a luz do dia. Essa avalanche são milhares de cavalos selvagens cuja raça se perpetua e que ainda se multiplica apesar das violentas perseguições que lhes fazem os europeus e os índios.

Você percebe que o gaúcho vai jantar. Seu laço, preso à fivela do pedaço de couro utilizado como sela, bem amarrado no ventre do cavalo, descreve uma curva em cima da cabeça do animal formando dois círculos admiráveis, com seu centro rigorosamente marcado.

Os relinchos roucos e sofreados dos cavalos excitam o gaúcho; com um rápido olhar escolhe, em meio à manada assustada, a vítima destinada a satisfazer seu apetite. A correia fatal é lançada e a tropa selvagem continua em sua corrida veloz. Só um cavalo ficou, prisioneiro, atado pelo pescoço, tentando em vão recuperar a liberdade perdida, pois o corcel do gaúcho resiste com toda a força de suas patas e de seus flancos para manter prisioneiro seu irmão, aos rinchos.

Mas por que matar um cavalo para só uma pessoa jantar? O gaúcho formulou a si mesmo essa pergunta e respondeu-a conforme a seguinte conduta.

Um segundo laço está em suas mãos, o das bolas, preso nas duas extremidades de uma segunda correia com a qual ele se muniu à guisa de cabide. O laço é jogado, as pernas do corcel aprisionado estão amarradas, o animal é derrubado; o gaúcho armado com sua faca senta-se calmamente sobre o animal submisso, corta em uma das coxas um suculento bife, desata a correia e liberta o ferido que foge com horríveis relinchos.

Em seguida, acende uma fogueira de ervas secas e alguns arbustos e come a carne fresca. Ao anoitecer, estira-se na terra envolvido em seu poncho, um pedaço de tecido quadrangular pintado de várias cores, com uma abertura no meio que permite enfiá-lo pela cabeça. Convida seu corcel a estender-se a seu lado; este obedece, o ouvido atento aos saltos do tigre, a cabeça apoiada em uma carcaça polida de cavalo, abandonada pelos corvos e pelos abutres. O indomável caçador adormece, logo acorda, impaciente, em busca de novos perigos, novas conquistas.

Bifes de cavalo, costeletas de tigre, frituras de avestruz, água límpida ou borbulhante, essa é a refeição do gaúcho e do pampiano. Caso queira participar das alegrias de tão grande festim, imagine que é preciso obtê-las por meio de exaustivas caminhadas, lutas sangrentas e muitos ferimentos. Venha, convido-o a compartilhar de sua mesa.

É verdade, também, que o intrépido habitante dessas regiões consola-se de sua pobre refeição do deserto quando chega triunfante a Montevidéu ou a Buenos Aires. Aí, senta-se em um banco, come um pedaço de carne de boi, uma sardinha, um rabanete, uma cebola, um dente de alho e, dessa vez pelo menos, bebe água límpida. Convido-o à mesa do patagônio; venha, são apenas 2.600 léguas de distância. Paris e a Patagônia se dão as mãos.

Porém, o tempero do jantar do pampiano não é apenas o estrondo do vento arrancando as raízes dos arbustos com suas rajadas, não é só o grito rouco do jaguar que sabe se defender muito bem com os dentes e as unhas; mais ainda, são as torrentes impetuosas desencadeadas pelo vento leste, assolando esses imponentes rincões solitários. Você desconhece uma tempestade urrando no deserto enquanto mil ecos repetem no espaço sua sentença ou, melhor, a sentença de um Deus irritado!

Ao longe, bem distante, surge um ponto negro imperceptível que se ergue no horizonte, cresce a cada momento parecendo esfacelar-se sob o peso de sua própria massa que se move solene. A terra é envolvida por uma atmosfera esbranquiçada, o mar colore-se de reflexos incertos, indefinidos, agita-se febrilmente, não avança mais, aguarda o início da luta que se prepara e, na terra, um calor tórrido esmaga seus membros, sem que o sol os penetre.

Observe ainda: nenhuma folhinha se move, nem um grão de areia deixa o chão, nem o lamento da brisa muda desperta o silêncio; você está na mais perfeita calma, crê que o nada, em sua total imobilidade, é aqui. Pois bem! O mutismo do céu, da terra e das águas é o prelúdio do mais infernal estrondo. Um rápido relâmpago rasga a massa que plaina sobre sua cabeça, o ribombar do trovão anuncia a avalanche que se derrete lá em cima e irá cair sobre você, sem que você possa lhe opor resistência; nem a floresta com suas cúpulas de folhas resistirá, tampouco resistirão os troncos seculares cujas raízes são bem profundas e fortes, nem as sólidas barreiras de pedra construídas pela mão do homem, nem as escavações nas rochas e nem as muralhas de uma colina: porque aqui, nessa imensa Patagônia, tudo é nivelado, aplanado.

Agora, cuidado! Primeiro são grossas gotas de água que caem como projéteis mortíferos; é o prelúdio da cólera celestial. O patagônio, ou melhor, o instinto de seu corcel, encontrou a aspereza sólida do chão, e foi aí, com as patas abertas, a cabeça baixa, exalando lúgubres suspiros, que se alojou.

O intrépido caçador não pensa mais em seu jaguar, em seus laços, suas bolas; desmonta do cavalo, amarra bem firme seu chapéu embaixo do queixo, cobre o rosto e a cabeça com o poncho e senta-se protegido pelo fiel companheiro.

Abrem-se as cataratas do céu; não mais gotas de água que descem com a rapidez de uma flecha, mas massas compactas, ininterruptas. Parece que o oceano saiu de suas profundezas e que a mão de Deus elevou-o acima de sua cabeça e lançou-o sobre a terra para engoli-la. Você é arrastado pelas ondas que são também levadas pelo tufão que se arremessa e revira sobre seus passos, como o fluxo e o refluxo das marés.

Esse terrível acompanhamento foi o molho do jantar que eu o obriguei a assistir.

Agora não me desespero mais ao vê-lo partir para a Patagônia. O navio levanta âncora e toma a direção sudoeste... Boa viagem e bom retorno!

JANTAR DOS HOTENTOTES

Note essa natureza áspera, selvagem, crestada, atormentada; olhe para esse céu turbulento e irritado, essas águas caprichosas e errantes. Você se encontra em um país singular.

Aqui temos um planalto cujo topo foi aplanado pelo tufão; seus flancos são íngremes e os sopés, verdejantes. À direita vemos a Croupe-du-Lion reproduzindo muito bem o extraordinário senhor dessas paragens, comparável a um bloco de granito cinzelado pela mão do homem; à esquerda, a canhoneira mortal, a Garganta-do-Diabo, por onde se desencadeiam as temíveis lufadas. Na base desses imponentes blocos, vislumbra-se uma bela cidade limpa e resplandecente como a vitrina de uma lavanderia sob os loureiros e, adiante, uma larga e isolada baía.

Nesse momento, acontece uma cena semelhante à que havíamos relatado. O tufão precipita-se, aumenta sua força e circunda o pico das cordilheiras, gemendo terrivelmente. *A mesa está posta*, diz o marinheiro com voz fraca. Ele treme com razão: o mar cresce, invade a praia, estremece os rochedos que a protegem; as ondas altas parecem alcançar as nuvens. Os cabos arrebentam, os navios despedaçam-se, os pedaços dos mastros e das quilhas espalham-se pela praia; por todo lado, vêem-se cadáveres de homens esmagados e mutilados. É que a onda espumosa os alcançou em seu vôo, vomitou-os para longe, retorceu-os e, por fim, abandonou-os aos animais ferozes dessas regiões.

Este é o cabo da Boa Esperança, antigamente chamado cabo das Tormentas. A cidade, batizada de Table Bay, foi uma colônia holandesa; hoje, é uma sucursal inglesa...

Apreciadores de boas mesas, abaixem a cabeça e a cumprimentem com respeito! A algumas léguas da Cidade do Cabo encontra-se uma cidadezinha chamada Constance; o vinho desse solo privilegiado é o mais apreciado no mundo. Já o bebi nessas gigantescas e magníficas adegas e, portanto, posso afirmar que é dessa região. Desejo-lhe boa sorte e vou deixá-lo sem me lamentar porque sou o bípede mais aquático desses dois continentes. Mas não foi por causa desses copázios que eu lhe convidei hoje; se falo deles é para que você possa avaliar melhor os contrastes e para lhe dar uma amostragem da cena de comilança anunciada com um esboço fiel. Ouça. Não se trata de uma obra literária como a de Callot, não é uma fantasmagoria, um sonho, um pesadelo; é o pano de fundo histórico, a reprodução verdadeira em sua totalidade e escrupulosamente fiel em seus detalhes. Se algo for eliminado, o texto ficará truncado, e já tenho diante dos olhos, ou antes, em pensamento, a hora dos preparativos, a alegria dos convidados, o burburinho inexpressivo desses seres extraordinários que se agitam em volta do banquete, e a impaciência dos glutões. Nada me escapa desse inebriante festim que testemunhei; nada se perdeu em minhas recordações.

Havia doze mulheres e nove homens; eu, infeliz, era um ser à parte, *um objeto*; aceitaram-me por comiseração, não queriam me ver morrer de fome. O hotentote tem também seus momentos de generosidade.

Quando se quer viajar usufruindo ao máximo da viagem, é preciso ver tudo, a torrente e o riacho, a humilde colina e o pico nevado, o arbusto microscópico e o gigante secular que pesa sobre o solo e o protege com seus enormes galhos. Quando se sabe viajar, deve-se olhar a cidade que surge, a cidade em sua totalidade, mil olhares na terra inóspita onde os perigos, o cansaço e mesmo a morte se apresentam a cada passo. Mas não nos esqueçamos de que estamos na terra dos hotentotes.

Antes do jantar as mulheres se arrumam e só aparecem no banquete depois de terminarem a toalete.

Ao acordar, uma hotentote de altura mediana, de compleição média, pesa 90 kg; com seus adereços chega a 112. Imagine a mulher privilegiada, a princesa: aqui o peso indica o mérito e o poder.

Tudo está pronto. Se você foi fazer um passeio pelos arredores e quer retornar ao vilarejo, não canse sua vista à procura dessa singular criatura; fareje girando sobre si mesmo; as mais fétidas exalações serão seu guia perfeito. Distingue-se melhor uma hotentote com o nariz do que com o olhar.

Estamos sentados no chão; uma fumaça negra escapa de uma massa disforme, avermelhada, pousada sobre galhos em brasa. Aí está o cadáver: um quarto de hipopótamo, restos de porco-espinho, uma coxa de rinoceronte, os pés de um elefante morto de velhice, pouco importa.

Os convidados apressam-se, chegam armados com um pedaço de ferro cortante ou com uma faca comprada na Cidade do Cabo. O corpo é cortado; pedaços grosseiros e compridos de uma carne vermelha ou arroxeada, sangrenta, são arrancados com dificuldade. O convidado mais velho dá três pancadas na sua mão em meio ao mais absoluto silêncio; deve ser uma prece, não cheguei a saber. Na última pancada os braços agitam-se, as mãos erguem-se, os olhos brilham impacientes, as goelas abrem-se para receber os pedaços de carne, enormes maxilares mexem barulhentos. Parece o som da água lodosa borbulhante no esgoto. O hotentote janta e demonstra sua alegria.

O estômago está satisfeito, a barriga distendida; homens e mulheres assemelham-se a enormes tonéis em movimento. Se um deles está sem seu gancho em brasa, seu obsequioso vizinho corre em seu auxílio. Aproxima seus lábios bem protegidos dos lábios mendicantes do outro. Cada um puxa para seu lado, e quando o pedaço de couro se parte, aquele que ajudou o devolve, sem segurá-lo com as mãos, como fazem as mães dos passarinhos com seus filhotes, o bico umedecido por uma saliva espumosa recebendo o agradecimento com um delicado sorriso.

A refeição não está completa, ainda faltam duas iguarias, às vezes três, na casa desses ardentes sibaritas da África meridional: na embriaguez de uma vitória sobre um rinoceronte morto ou doente, chega-se a quatro. Eu lhe prometi o quadro completo. Vamos terminá-lo.

Em vasos de barro de forma irregular, às vezes com bico comprido às vezes com uma grande abertura, jogam, de qualquer maneira, sangue de porco-espinho, gordura de hipopótamo, raízes picadas, algumas vezes capim socado, tudo embebido em água. Tampa-se o vaso com folhas verdes prensadas com os punhos ou com o calcanhar, o recipiente de barro é posto sobre fogo forte que esquenta e cozinha os alimentos. Quando estiverem bem misturados, bastante embebidos, batendo uns contra os outros, quando o molho estiver bem compacto, quebra-se o vaso e uma bola enorme rola sobre a grama. Contam-se os convidados, um deles quebra com um porrete a macedônia cobiçada por olhares ávidos, as três pancadas são novamente ouvidas e a segunda orgia começa.

Em uma de minhas excursões a Table Bay, quis saborear também essas estranhas gulodices. Pois bem! Caso duvide da veracidade de minhas palavras, juro que tudo me pareceu execrável, quase mortal, e que vomitei durante mais de duas horas. Um só bocado me aterrorizou; talvez com um pouco mais de coragem teria me adaptado às refeições de meus anfitriões.

Vi, a duas léguas de Constance, quatro escravos hotentotes fugitivos cozinharem um porco-espinho no espeto, sobre carvão em brasa, rasgá-lo com as mãos e devorá-lo com os intestinos ainda cheios.

O hotentote fabrica, com frutas ácidas e algumas raízes tenras mergulhadas na água e levadas ao fogo, um licor inebriante que acha delicioso.

Terminada a refeição, depois que todas essas bonitas etapas foram realizadas, o torpor, o sono tomam conta do povoado. Alguns ainda encontram forças e arrastam-se até suas cavernas subterrâneas cujo teto está a dois ou três metros no máximo acima do nível do solo; outros rolam, entorpecidos, em torno do fogo; um ronco universal é ouvido. Você não observa mais; apanha o lápis e o livro de anotações e termina o esboço de sua obra no meio desse bando infecto e imóvel e felicita-se por ter estudado, no seu habitat de animal irracional, o povo mais sujo, mais idiota, mais desprezível, mais repulsivo do mundo.

E se mais tarde vier a pensar que essa refeição aconteceu dentro de florestas eternas que coroam a terra, em estepes selvagens e lagoas imensas onde chafurdam os hipopótamos; se imaginar que se passa perto da toca do tigre que salta, da hiena que regouga, do elefante e do rinoceronte que arrancam ou quebram árvores gigantescas, do leão que ruge, do tufão que degola as florestas, das cataratas do céu que desabam fervilhando; se então indagar como pode existir ainda hotentotes na face da Terra, como eles podem levar uma vida tranqüila ao lado de uma cidade florescente, com os costumes de um povo que delineou uma forma de vida oposta a deles, eu lhe responderei: na Cidade do Cabo, o hotentote seria um escravo; no seu deserto, é livre. A liberdade lá é, como em muitos outros lugares, o bem mais precioso.

JANTAR DOS CAROLINOS

É o povo mais doce, mais amável, cordial, generoso e, talvez, também, o mais belo da Terra; um povo à parte, privilegiado por seu solo sempre verde, pelo céu quase sempre azul, por águas calmas e transparentes.

O arquipélago das Carolinas é formado por uma dúzia de ilhas planas, maravilhosamente arborizadas. Lá não ressoa jamais um grito de morte ou de vingança; e se alguma querela imprevista divide os habitantes de duas ilhas vizinhas, as armas, tanto de uns quanto dos outros, são pedras e pedaços de pau. Os carolinos não querem bastões nem machado; além disso, suas brigas duram um dia ou dois porque no centro da multidão turbulenta surgem, ao mesmo tempo, dois anciãos; aproximam-se, dão-se as mãos, trocam palavras em voz baixa e fazem um gesto autoritário. As condições de paz são regulamentadas; nos dois campos amotinados ouvem-se gritos de alegria, os pedaços de pau e as pedras são jogados no chão, os que estavam armados encontram-se, misturam-se, chocam-se, sapateiam, dançam... A paz foi selada.

Nenhum hábito desses homens tão especiais desmente seus costumes pacíficos, sua vida regular um pouco monótona, mas que eles sabem, contudo, alegrá-la nos jogos e festas nos quais exercitam sua habilidade para dirigir os *pros-volants* no meio dos recifes e para subir como gatos selvagens nos picos mais altos dos coqueiros.

No entanto, povos cruéis, antropófagos, circundam o arquipélago das Carolinas. Os habitantes de Fiji, povo sanguinário, cobiçam com os olhos os pacíficos carolinos. Os insulares que encontrei em Guham, com os quais conversei longamente quando navegava em suas pirogas, guardam aterrorizados a lembrança recente das incursões dos nativos de Fiji em seu território e dos habitantes das ilhas Sandwich, diante dos quais ficaram sem defesa, e só conseguiram escapar lançando-se às ondas em suas ligeiras e frágeis embarcações.

Oh, carolinos! Intrépidos habitantes do oceano Pacífico, crianças sem fel e sem malícia, no meio de um mar onde tantos corações ferozes sublevam-se como as ondas, que Deus os proteja dos ataques de seus vizinhos e das visitas dos navios europeus que lhes trarão em troca de seus suaves hábitos pacíficos os vícios, os ridículos e as vergonhas de nossos países!

Por muito tempo naveguei nos *pros-volants* dos carolinos; fiz travessias perigosas com esses homens-peixes que possuem dois elementos comuns aos pingüins e às focas; conheço seus costumes, posso lhe falar deles como falo de minha família. Devo a vida a um rei, Tamor, de Sathoual, que se jogou no meio dos recifes de Rotta para salvar-me das ondas e dos rochedos que iriam me machucar; e quando, com alguns presentes, quis agradecer-lhe, este homem generoso rejeitou desdenhosamente minhas oferendas. No entanto, aceitou-as logo depois que o fiz compreender, esfregando meu nariz no seu, que minha amizade ficaria abalada com sua recusa.

As refeições dos carolinos são curtas, simples, sem cansativos aparatos. Não comem cação, nem corvos, porque os dois comem carne humana. Alimentam-se de frutas, peixe e pasta de cicas*. O peixe é espetado na ponta de um pedaço de pau em forma de pinça, e cozido na brasa ou no fogo. A pasta de cicas é espalhada com a forma de um bolo redondo sobre um pedaço de ardósia bem quente e polida, seguindo os costumes dos alegres habitantes das ilhas; a bebida é água-de-coco cujo invólucro é retirado com um só golpe de facão. Eles compram seus facões em Guham, em troca de lindas conchas e de tangas macias, fabricadas em seu próprio país com a casca da bananeira.

O jantar dos carolinos é servido quase sempre a bordo de seus *pros* e é preciso ver como um só dentre eles é quem se encarrega de dar de beber a todos. É o espetáculo mais maravilhoso que se pode desfrutar.

O escolhido para esse papel chega à terra a nado; é um verdadeiro lobo do mar, ora voando entre duas ondas, ora com a metade do corpo fora da água, brincando com as ondas espumosas como em águas claras e tranqüilas. Chega à praia onde há um coqueiro, o mais alto, o

---

*São árvores semelhantes às palmeiras; geralmente são cultivadas para ornamentação, sendo que em algumas espécies têm sementes e frutos comestíveis. (N. da T.)

mais reto, o mais vertical dos grandes vegetais, que se prendem à terra, depois do eucalipto.

O carolino avalia sua altura com um só olhar; cospe nas mãos e como um gato selvagem alcança, em um instante, as palmas elegantes dessa árvore que, sozinha, alimenta, veste e sacia a sede de povos tropicais.

O coqueiro é logo despojado de seus frutos gigantescos que caem fazendo barulho sobre a relva ou na areia; o carolino desce quase tão rápido quanto eles, e amarra em cachos esses vasos naturais dentro dos quais a água se conserva sempre fresca.

Os ombros e as mãos dos carolinos carregam a preciosa carga. Os *pros-volants* estão ancorados a cem ou duzentos metros da costa; o carolino entrega e confia à primeira onda que morre a seus pés as provisões que carrega, cuidando para que nem uma só gota seja perdida, e lança-se ao mar, empurrando para frente, como o pastor com seu rebanho, os frutos refrescantes. Mas um dos cachos se desprende; obedecendo aos caprichos da onda, os cocos desequilibrados flutuam de um lado para outro, dispersam-se, distanciam-se; uns afastam-se da terra, outros voltam à costa. Observe o carolino no meio das ondas com seu rebanho desertor. Ele se ergue, curva-se, dá uma braçada, recua duas, tenta pegar com a mão o coco viajante que está prestes a lhe escapar, com o peito ou a cabeça tenta impedir que dois outros se libertem, e consegue, como um bravo general, reagrupar seus soldados em debandada.

Vitorioso, abraça a todos ou pelos menos os mantém

prisioneiros fazendo pequenas evoluções, empurra-os para a frente e, por fim, alcança a margem, aclamado pelo europeu aos gritos, em êxtase, porém, quase despercebido pelos seus irmãos, habituados a semelhantes malabarismos.

Se vocês tivessem de pagar esse preço para beber algo em suas refeições, meus caros amigos franceses, certamente correriam o risco de morrer de sede. Estou apenas lhes dando uma pequena amostra das extraordinárias manobras dos carolinos para fazer chegar os cocos até seus convidados, que os aguardam.

Que a tempestade esbraveje, que a onda arrebente com estrondo na praia invadida, que reine a calma, que o voraz tubarão espreite sua presa, o que importa ao carolino? Será que o mais glutão dos animais marinhos pode alcançá-lo em sua rápida corrida? Eu vi um deles jogar-se na água para apanhar um pássaro morto pelo meu amigo Bérard, no momento em que dois tubarões monstruosos rodeavam os *pros-volants*. Os dois avançaram sobre o nadador despreocupado; porém, ele girou ao se deslocar e nenhum de seus companheiros preocupou-se com esse encontro que terminou bem.

As iguarias servidas sobre folhas de bananeiras não são disputadas pelos convidados; poder-se-ia dizer que cada um tenta adivinhar a preferência de seu vizinho de mesa para que lhe seja deixada sua porção preferida. Nota-se também uma elegante limpeza em todas as iguarias.

À mesa, ele não é o primeiro a se servir; quanto aos outros, cada um aguarda sua vez e comem sem voracidade. Comportam-se como crianças que se divertem implicando umas com as outras. Trocam leves golpes nos dedos, caçoam das caretas dos que se queimam ao apanhar um peixe fervendo ou que se fere com uma espinha. É um momento lúdico.

Para dar uma idéia da perfeita igualdade que reina entre esses homens privilegiados, que se constituem em uma única família, acrescentarei o seguinte episódio: um de seus reis machucou a perna ao cair de um coqueiro, mas, mesmo assim, quis participar das danças que o governador de Guham exibia para nós. Entretanto, seus companheiros, aos risos, o expulsaram da festa temendo que um coxo prejudicasse suas alegres acrobacias. Ele foi forçado a sentar-se no chão e assistir junto conosco às diversões.

O bolo de cicas é cortado com uma espinha de peixe ou um pedaço de madeira pontiagudo, e aquele que for o primeiro a se servir tem a delicadeza de escolher para si o menor pedaço e o menos saboroso. Preciso lhe dizer que antes e depois das refeições era feita uma oração? Não, sem dúvida; rezar e trabalhar era a vida desse povo do qual falarei sempre com amor. Aí está o segredo de sua superioridade moral.

As preces dos carolinos dirigem-se sempre para o Deus todo-poderoso das tempestades, para que Ele afaste as pesadas nuvens, e são preces moduladas em três notas acompanhadas de gestos e movimentos dos braços e do corpo, cheios de graça e elegância.

Água límpida da fonte, o leite fresco e aromatizado do coco são as bebidas diárias do carolino. Bananas, fruta-pão, manga, melancia, peixe, cicas e algumas outras frutas são os alimentos comuns do povo carolino.

Sua toalha de mesa é uma grande folha de bananeira limpa e sedosa; seus convidados, amigos e irmãos; seu apetite, a pureza de sua consciência; seu descanso, a luta contra a cólera dos mares que circundam o arquipélago.

O carolino fabrica um licor inebriante com o coco e algumas raízes, mas ele só o bebe para revigorar os músculos. Em sua opinião, o homem que se embriaga é um degenerado.

Em sua comunidade reina a alegria, fazem festas, nunca orgias, jamais o sangue é derramado pelo uso de arma mortífera.

Vi muitas coisas, visitei muitos povos, estudei bem os costumes. Nunca vi um carolino colérico; ele sofre, chora, porque é um ser humano, mas jamais fica irritado. A vida deles é um mar sem turbulência, um céu sem nuvens.

JANTAR CHINÊS

Vá a Cantão, Macau, Koupang, Dielhy, e você terá visto, na face da Terra, o povo mais limpo, mais astucioso, mais engenhoso, mais ladrão, mais insolente e mais hipócrita.

Você não encontrará no mundo alguém tão velhaco como um chinês, a não ser outro chinês. Esses miseráveis, veja bem, não roubam unicamente com as mãos, roubam também com os pés. Enquanto você conclui um negócio com um desses patifes, o chinês ao seu lado bate de leve em seu ombro, você vira a cabeça, e pronto: o objeto que você deu para ser examinado, anel, anzol ou colar, cai no chão, um pé o apanha usando o segundo dedo e o dedão. Rapidamente ele é passado a um outro pé atento que o aguardava, este o repassa a um terceiro, depois a um quarto que o esconde debaixo de um arbusto ou de uma pedra. Quando você o reclama, o chinês que examinava o objeto responde sem o menor pudor que não está com ele, que vai restituí-lo ou então que ignora o que aconteceu.

A vida desses velhacos insolentes é só perfídia e gatunagem! O braço ainda me incomoda ao lembrar os fortes socos que dei em um determinado joalheiro de Koupang, refinado ladrão, a quem, no entanto, mais tarde, perdoei as fraudes.

Mas é do jantar do chinês que falamos aqui.

Compreende-se com dificuldade como um homem pode se habituar a viver comendo tão pouco: três pequenas xícaras de chá, um punhado de arroz, cinco ou seis pitadas de um tabaco adocicado e sonífero, essa é a ração diária do chinês e, contudo, esse é o império mais populoso da Terra.

Certo dia, a velha mãe de meu hospedeiro aventurou-se a me convidar para participar de sua mesa. A princípio, ele ficou revoltado com essa delicadeza, mas obedeceu persuadido de que já teria sido combinado, antes, que eu o indenizaria pagando as despesas de seu casamento. De fato, eu o indenizei e ficamos quites.

A sala onde foi posta a mesa era pequena, porém bem arejada. Desenhos emoldurados com pedaços de sândalo, admiravelmente esculpidos, exibiam diversas cenas familiares. A mesa era de bambu, assim como as cadeiras, as mesas de centro, as cômodas e até mesmo os biombos que separavam os aposentos. Grandes janelas abriam-se em cada cômodo; os postigos de latânia corriam para a direita e para a esquerda em sulcos artisticamente escavados. Nas paredes do salão estavam pendurados leques de sândalo e marfim entalhados com uma delicadeza requintada, assim como bolas enormes moldadas umas dentro das outras, obra de uma vida inteira de um chinês. Depois, em uma grande vasilha de porcelana dourada, o olhar curioso notava pequenas bolas de metal recobertas por uma fina camada dourada, que envolviam o mercúrio.

Sentamo-nos a uma mesa triangular de bambu.

O guardanapo que uma escrava pôs na mesa era um pequenino pedaço de tecido, fino, sedoso e adamascado. O prato de porcelana colorido em tons de azul pode ser comparado a um dos nossos pires grandes e, excepcionalmente para mim, colocou uma faca e um garfo de três pontas. Palitinhos da grossura de um tubo de canela foram colocados à direita de cada convidado. Os copos eram de cristal, a água, clara e cristalina, estava em uma jarra de cerâmica amarelada, de forma graciosa, com um bico longo e duas alças.

O hospedeiro pronunciou algumas palavras rápidas; um escravo precipitou-se e pôs uma grande travessa com arroz quase cru sobre a mesa. Estavam sendo generosos ao me receber, ainda mais porque sabiam da gulodice dos estrangeiros.

A dona da casa começou a servir. Com uma colher de sândalo ela serviu-me do arroz que estava na travessa, sorrindo, surpresa por me ver comer uma quantidade tão grande, sem ter indigestão. Serviu uma porção tão pequena ao seu marido e reservou tão pouco para si que cheguei a imaginar que estariam se privando do que lhes cabia só para me agradar. Porém, lembrei-me do que me haviam contado sobre a sobriedade chinesa e não hesitei em lançar-me, sem cerimônia, sobre o que me haviam oferecido com tanta boa vontade.

Assim que me viu comendo, a dona da casa segurou seu prato com a mão esquerda, aproximou-o do queixo e com a mão direita segurou os dois palitinhos de que já falei; mantendo-os entre os dedos, como as nossas tricoteiras fazem com suas agulhas, agitou-os com extrema rapidez sobre o arroz que, agarrado por meio de movimentos rotatórios, foi levado à boca sem que um só grão escapasse. Fiquei maravilhado.

Percebendo minha estupefação, a hospedeira pediu-me que tentasse. É conhecida minha destreza em todos os tipos de jogos: minha reputação não foi usurpada, afirmo-lhe. No início fui muito mal, depois um pouco melhor, depois razoável e, enfim, após quinze minutos de manuseios e de cansaço, saí-me tão bem que quase todos os grãos de arroz que consegui agarrar caíram na mesa ou em meus joelhos. Não preciso dizer o quanto riram à minha custa. Não conseguia disfarçar minha vergonha, ainda mais conhecendo a severidade com que é tratada a sujeira na China.

O escravo trouxe o segundo prato: repolho picado misturado com feijão vermelho. Servi-me do meu garfo, a dona da casa agitou febrilmente seus elegantes pauzinhos, recomeçando suas manobras como na primeira vez.

Depois desse prato chegou a vez de um delicado peixe que muito apreciei. Mas não fui mais feliz ao lidar com essa iguaria.

Não surpreenderei ninguém se disser que não me sentia saciado e que, após esse banquete, fui jantar a bordo e com muito apetite.

Em seguida, pensei em me distrair; fui até ao templo chinês que domina o cais onde, me disseram, singularidades acontecem. Anoitecia. A lua inundava-me com sua luz prateada, os coqueiros projetavam sombras fantásticas, o arrulho nervoso da rola de barrete escarlate pouco a pouco desapareceria e, sob meus pés, manchas negras, compridas e movediças indicavam a presença silenciosa de crocodilos monstruosos que vinham espreitar sua presa na praia.

Não apressei o passo porque sabia que só utilizando um ardil poderia assistir às cerimônias religiosas que acontecem todos os meses, à meia-noite, quando é lua cheia, e a voz tenebrosa do tam-tam, como sempre, anuncia que os fiéis estão reunidos no templo sagrado.

O sino chinês calou-se. Agachei-me atrás de magníficas e espessas romãzeiras em flor, assisti ao desfile dos participantes que chegavam aos pares, lado a lado, sem, no entanto, se tocarem; ouvia-se o monótono sussurro de alguns que ainda rezavam.

Quando me senti sozinho no atalho, retomei o caminho do templo, onde cheguei em poucos instantes; procurei uma janela baixa, aberta atrás do altar-mor, e que me chamara a atenção desde a minha primeira visita a esse templo, teatro de tanta hipocrisia por parte dos chineses.

Eu já havia citado, em *Lembranças de um cego*,[3] as cenas ridículas que testemunhei por ocasião de uma cerimônia religiosa como essa; agora vou revelar o que aconteceu no templo depois das orações.

Todas as oferendas estavam lá, em belos vasos de porcelana. Eram porcos, galinhas, galinholas, perus, arrumados com elegância e enfeitados com pequenos amuletos,

---

[3]Arago ficou cego quando voltou à França.

e nos quais tremulavam bandeirolas de seda de diversas cores; presuntos sobre os quais pedaços de madeira pontiagudos ou de aço desenharam figuras bizarras de sapos, serpentes ou sóis; galos com a cabeça sem penas; frutas como jamrosas, cocos, bananas, cujo perfume eu podia sentir. Distribuídos em cadeiras, bancos e estrados, tudo era coberto com um tecido branco e sedoso. Muitas velas iluminavam o templo; a principal figura estava coberta por um pedaço de tecido vermelho-vivo, bem grosso, sem dúvida para impedir que a divindade chinesa visse o que lhe roubavam.

Estava há dois minutos encostado na janela entreaberta quando o sacerdote idólatra entrou no templo por uma porta esculpida com um dragão monstruoso. O sacerdote era seguido por dois meninos de seis anos no máximo, muito bem vestidos, mas descalços. Mantinham as mãos fechadas na altura da cabeça e só o indicador levantado. Pareciam rezar, foi o que supus pelo movimento contínuo dos lábios.

Três indivíduos, um deles com ar maroto, os outros muitos jovens para chegarem a tanto, aproximaram-se do altar-mor, a passos lentos, e permaneceram silenciosos por alguns minutos. A um gesto do chefe, os dois jovens giraram o corpo na direção do mais belo prato de porcelana e levaram-no com as duas mãos, com grande esforço, até ao sacerdote. Este tocou-o com o dedo, apanhou uma pequena faixa mais fina do que as que ornavam o leitãozinho, amarrou-a nos quadris como se quisesse dizer: *é minha, vejam minha assinatura, minha insígnia dominadora.* Depois, os dois meninos colocaram o animal em uma espécie de armário onde era guardado tudo o que os bons chineses traziam do mercado.

Os três indivíduos agiram da mesma maneira com as outras iguarias, exceto com o cacho de cocos; a esse respeito farei um comentário desleal lembrando-lhe que essa fruta é muito comum na colônia.

O sacerdote, que se mantinha de pé, pôs-se de cócoras no tapete macio e foi servido. Primeiro, de uma galinha avermelhada, crocante, que despertava o apetite. Cortou-lhe uma asa comendo-a muito rápido e com devoção. Após esse prelúdio, um dos meninos ofereceu-lhe um pequeno vaso artisticamente lavrado onde haviam colocado um líquido esbranquiçado que suponho ser leite de coco fermentado. Depois passaram-no aos outros.

Os meninos colocaram diante de seu chefe dois belos presuntos que decoravam o altar-mor. Com uma faca triangular o sacerdote chinês cortou uma fatia, regou-a com algumas gotas do líquido de que lhe falei, retirado de um outro frasco, e comeu-a. O presunto foi guardado e as suculentas bananas foram postas em seus joelhos. Ele comeu oito e jogou as cascas para trás; por um momento pareceu meditar, como se quisesse se certificar de que havia saciado seu apetite. A resposta foi negativa. Pediu mais presunto e mais porco. Afinal, sentindo-se satisfeito, levantou-se e bateu três palmas; dois novos criados apareceram; deu-lhes ordem para retirar os pratos e colocá-los no armário. Os criados acompanharam piedosamente os dois meninos e o grande sacerdote até a casa desse representante da divindade chinesa, onde permaneceram as oferendas feitas aos adoradores do fogo.

JANTAR DOS CAFRES

Uma simples vala separa a região dos hotentotes da Cafraria, país dos cafres. Algumas árvores cortadas na floresta demarcam a fronteira entre os dois reinos, não sendo permitido aos hotentotes, nem aos cafres, ultrapassar esse limite, sob pena de expô-los a uma guerra sangrenta. Nos dois territórios estendem-se florestas imensas, eternas, planícies pantanosas, penhascos, estepes, riachos e barrancos profundos; em ambos os lados vêem-se a hiena esganiçada, o leão que salta, o tigre devastador, o elefante esmagando as choupanas com suas patas gigantescas, o rinoceronte desenraizando os troncos nodosos com os terríveis golpes de seu focinho. Ainda mais aterrorizador, são as enxurradas freqüentes de uma chuva ardente e rápida, o ribombar incessante dos trovões repetidos por mil ecos na vasta solidão e nas montanhas.

O hotentote encarna a covardia, a preguiça, a estupidez no que ela tem de mais hediondo, a sujeira no que ela tem de mais repugnante. Já o cafre tem coração de ferro, braços de ferro, vontade de ferro, são homens baixos e gordos, porém fortes, ágeis, robustos, indomáveis, lutando destemidamente contra os animais ferozes, disputando com eles o solo e, sobretudo, a floresta.

O hotentote quer um jantar que nada custe à sua indolência; assim, vive da carne putrefata do hipopótamo que morreu de velhice nas praias ou nas margens de rios e lagos. O cafre quer um jantar conquistado com a ajuda de sua clava, de seu bastão ou de sua curta flecha envenenada. Embora a carne da hiena lhe pareça suculenta, ele prefere a do leão porque terá de enfrentar mais perigo para obtê-la: veja o seu entusiasmo ao se preparar para o ataque! Todos ficam de pé ao ouvir o rugir da fera. O ar repercute os rugidos ensurdecedores; os bastões giram, se levantam e descem. A fera foi vencida e o cafre vai jantar.

Quando a luta foi violenta e se há cadáveres no chão, o apetite aguça-se; ele come com desprezo quando o inimigo oferece pouca resistência. A vida do cafre é uma perpétua agitação; até seu sono é movimentado.

Logo que o tigre ou o leão é abatido, os bravos habitantes dessas regiões rodeiam a vítima; ela é esquartejada com sabres ou facas comprados na Cidade do Cabo por alguns desertores mais audaciosos, e a carne sangrenta é levada à brasa que a colore e endurece. Espetados nas pontas das zagaias, os restos de carne são expostos ao fogo e o primeiro a se sentar durante o banquete, o primeiro a ter o direito a tocar nos alimentos, é o mais valente do grupo, o combatente mais corajoso, o que teve as costas mais profundamente diaceradas pelas unhas do leão ou do tigre. Um canto rouco e selvagem precede o banquete, o mesmo canto o finaliza. Poderia-se dizer que um bando de lobos esfaimados estava satisfeito e excitado pela carnificina ou repousando da orgia.

Quando o tigre não aparece e o porco-espinho passa perto do povoado, é esse pobre animal protegido por uma couraça de espinhos pontiagudos que se transforma em alimento do cafre; ao contrário do hotentote, que se diverte com a lenta agonia de seu adversário indefeso, o cafre abate o animal com um só golpe de bastão e o jantar está resolvido. O mesmo acontece com os javalis e os porcos que perambulam pelas florestas onde o cafre constrói suas cabanas enfumaçadas. Assim também faz com o búfalo domesticado, que ele capturou para o auxiliar nas guerras que ousou manter contra os colonos da cidade de Table Bay.

Entre as árvores que crescem nessa região inóspita, há uma que dá um fruto agridoce bem parecido com o jamrosa das ilhas da Malásia. Esses frutos são colhidos e guardados por alguns dias, envoltos nas peles dos animais vencidos; depois são jogados dentro de uma grande tina, pisoteados, fermentados e amassados, tendo-se o cuidado de embebê-los na água pura do riacho próximo. O resultado é uma bebida bem mais forte e inebriante do que nossa aguardente. O cafre exagera no uso dessa bebida, a não ser que o chefe do povoado exerça sua autoridade e tente controlá-la. Mas, se porventura sua voz não for ouvida, se os vapores da bebida subirem ao cérebro, uma luta espantosa desencadeia-se e o jantar termina em sangue; irmãos, irmãs e pais ignoram-se; os crânios são abertos, os peitos perfurados, os membros esmagados e o cafre transforma-se em seu próprio alimento.

Ainda existem povos antropófagos nessa terra, nessas águas sulcadas incessantemente pelos navios exploradores da Europa civilizada. Todavia, ao contrário de outros povos que o são por princípio ou por convencionalismo religioso, o cafre o é por vingança.

JANTAR DOS NATIVOS DA NOVA GALES DO SUL[4]

O habitante da Nova Gales do Sul é um ser infeliz: parece sofrer e morrer sem nenhuma alegria.

Suas armas são um pedaço de madeira talhada em forma de sabre, que ele denomina pomposamente cassetete, e algumas varas compridas da grossura do dedo polegar, que ele chama de zagaias. Com elas penetra nas matas e corre em busca do seu jantar. Note bem, ele não se interessa por nossa civilização, por nossas cidades, nossas ricas roupas e por nossas casas bem protegidas; foge da bela Sydney como você fugiria do deserto e de suas áridas estepes. O habitante selvagem da Nova Gales do Sul necessita, na verdade, de ar e espaço.

Ele embrenha-se nas eternas florestas de seu território. Desde ontem seus dentes pontiagudos e enegrecidos não dilaceram nenhum alimento, mas ele quer sobreviver. Embaixo de um imenso eucalipto enrosca-se uma serpente negra, o mais perigoso e audacioso réptil. Ao ser atacado por ela, o homem morre sofrendo terríveis convulsões, em apenas alguns minutos. Transforma-se em uma barra

---

[4]Parte oriental da Austrália.

de ferro estendida no chão, impossível de ser dobrada sem que se rompa.

Pois bem! Nosso homem vai jantar; ele viu a serpente negra debaixo de uma moita movediça. Ajoelha-se, segura em uma das mãos o bastão cortante. Espera pelo ataque do *Kisso* que parte rápido como um raio para picar seu imprudente inimigo. O bastão assovia, agarra a serpente em pleno vôo e a artéria é cortada. Eis o cenário: o vencedor execrável é o selvagem embrutecido que descrevi.

A serpente negra ainda se contorce de dor, lançando pela mandíbula dilatada uma saliva esverdeada, e só se imobiliza quando percebe que todos os seus esforços serão inúteis para escapar. O selvagem, então, aproxima-se com cautela do réptil vencido, pisa com o calcanhar em sua cabeça separando-a do tronco, ajudado pelo sabre de madeira, e prossegue seu caminho improvisando uma gravata ou uma echarpe com o corpo do animal ensangüentado que ainda se agita no ar. Logo após, acende uma fogueira de ervas secas amontoadas, onde queima a escama pulverizada com pinho de Norfolk e eucalipto. Uma fumaça negra desprende-se, sobe em espiral, a chama crepita, a casca é carbonizada; o cadáver de um réptil vai ser cozido para saciar a fome do habitante glutão da Nova Holanda.

Mas nessa terra tão rica em fenômenos de toda natureza, nesse solo tão especial onde torrentes impetuosas descem, em poucas horas, do alto das colinas, nesse continente do qual até agora só se conhece o litoral, e onde o granizo cai talhado em forma de tijolos e se incrusta nos troncos fibrosos da mais bela vegetação do mundo... os dias têm também um amanhã. O selvagem não se cansou dessa vida de privações e perigos e pede seu alimento a essa terra inóspita. As árvores estão sem frutos, a vegetação sem ervas, o canguru movimenta-se com um impulso brusco e rápido, e a terrível serpente negra nem sempre é derrotada em sua luta. O que fazer, então?

Aqui, nessa imensa clareira, um domo projeta-se; tem dois pés de altura, três ou quatro de diâmetro: é um ninho, um imenso palácio de numerosas formigas. Em instantes elas se converterão em alimento do selvagem, desde que ele tenha a seu lado alguns amigos ou sua família.

Ervas secas, raízes, galhos de árvores bem juntos uns dos outros contornam o túmulo. Ateia-se fogo em todos os lados, espaços vazios atiçam o fogo e com a ajuda dos bastões e das zagaias os selvagens fecham o círculo, alimentando sempre o fogo. A crosta do palácio das formigas rompe-se e desaba, a colônia aprisionada sente o calor, tenta sair para se defender, mas os redemoinhos de chamas invadem o local e esmagam seus habitantes. Antes da chama alcançá-lo, o selvagem abre o túmulo com sua zagaia. O fogo penetra no formigueiro e logo chega à cúpula onde brilha a chama abrasadora; em meia hora tudo está terminado e o habitante selvagem dessa região espalha os galhos carbonizados e sua mão ávida penetra no túmulo, onde morreram milhares de vítimas, transformadas em uma pasta disforme, viscosa, negra, uma bola putrefata que a família ou os amigos esfomeados vão disputar com uma alegria feroz. Assisti a vários desses medonhos festins em minhas viagens aventureiras; só a lembrança me dá vontade de vomitar.

Esqueci de contar que, se por acaso, o selvagem encontra em um de seus passeios gastronômicos a serpente negra estendida no solo, tomando sol, às vezes ele ousa se aproximar dela bem devagar. Agarra-a pela cauda com força, gira-a sobre sua cabeça como uma funda e esmaga-lhe a cabeça de encontro a um tronco rugoso. A cena é ao mesmo tempo curiosa e aterrorizadora.

O alimento do habitante da Nova Gales do Sul constitui-se de larvas de insetos, corpos de serpente negra, monstruosas formigas que devoram em duas horas todas as folhas das gigantes seculares que se fixam nesse solo tão curioso para ser estudado, água da enxurrada em borbotões, pedaços de um gambá de carne vermelha e dura, e restos de um canguru morto de velhice. Sua mesa é a relva; seu garfo, os dedos; sua colher, a palma da mão em concha; o teto de sua casa, o céu quase sempre coberto de nuvens viajantes.

JANTAR DOS HABITANTES DAS ILHAS SANDWICH

A névoa é espessa, o mar agitado, a brisa sopra suavemente, com regularidade monótona, e o navio com todas as velas enfunadas singra majestosamente em direção a essa ilha fatídica onde morreu Cook, o mais audacioso marinheiro de todos os tempos, antigos e modernos.

Terra! Grita o vigia do alto do mastro na proa do navio. Terra! Responde em voz baixa a tripulação com alegria. Todos os olhares fixam-se na costa que se delineia, selvagem, abrupta, recortada. Percebe-se a raiva na testa dessa silhueta atormentada, cólera no solo que se agita em sua base tão distante do cume, ira no oceano quando sua última onda faz uma visita turbulenta nas sinuosidades das rochas vulcânicas onde a fúria das ondas esculpiu pequenos picos, sentinelas avançadas dessa ilha betuminosa.

Esta é a ilha Owhyée*, principal ilha do arquipélago Sandwich.

As montanhas levantam-se, estendem-se, prolongam-se. De repente, a névoa se dissipa, o céu fica azul, a atmosfera clareia; e eis os senhores das neves, os picos

---

*Optamos por manter a grafia das palavras tal como está na edição original em francês, com exceção de nomes mais conhecidos, como por exemplo, Île-de-France ou Nova Gales do Sul. (*N. da E.*)

imensos do Mowna-Kaah, do Mowna-Laé e do Mowna-Roah, como três fantasmas ameaçadores saídos do oceano em um dia de tempestade.

Saudemos com respeito esse pico chamado Koulouor, onde morreu o célebre Cook, golpeado por um nativo.

Estamos nos aproximando da costa e sonhamos com o jantar. O que é um jantar a bordo depois de alguns anos navegando pelo oceano Índico ou pelo grande oceano Pacífico, assim chamado, sem dúvida, em razão das assustadoras tempestades que o agitam? Uma refeição como essa é pior do que um jantar de um camponês bretão. Neste, pelo menos, servem-se feijão e lentilhas frescos, mastiga-se pedaços de pão branco ou preto, bebe-se água limpa e dorme-se logo depois.

Aqui são servidos com parcimônia feijões mofados e velhos, lentilhas emboloradas em razão da umidade, ervilhas tão duras que uma quinzena delas dentro de um fuzil mataria um homem a trinta passos de distância, água ferruginosa ou salobra, biscoito duro como couro que, sacudido, deixará cair milhares de pequenos insetos gordinhos que despertam curiosidade e desejo de estudo, porém nada apetitosos, eu lhe afirmo.

Deixemos o jantar a bordo! Encaminhemo-nos até a terra. Vamos descer diante desse magnífico terreno rochoso onde se elevam, colocadas sobre estacas pontiagudas, estátuas colossais de reis que governaram essa ilha e caminhemos até uma dessas cabanas mais acima, nessa costa dotada da mais exuberante vegetação.

Encontramos a relva, o *rima* gigantesco, o coqueiro arremessado como uma flecha de bambu coroada de palmas ondulantes; temos o ar fresco, a sombra, as redes elásticas e a família dos sandwichianos.

Você deseja obter colares de pérolas a doze *sous* a dúzia, anzóis, um lenço, uma fita vermelha ou branca, doces ou botões brilhantes? Pois bem, peça tudo o que quiser. Nada lhe será negado pelas mulheres da casa: essa troca de produtos é o prenúncio do jantar.

O jantar é precedido de um momento de calma. Depois, com voz gutural acompanhada de gestos rápidos dos braços e da cabeça, a *presidente* inicia uma canção, ou melhor, uma prece, com a duração de cinco minutos ou mais. Os convidados a imitam, inflam o tórax, os lábios se entreabrem e vibram, os dentes rangem, os braços mexem. Em meio a esse tumulto, ouve-se o nome de Tamahannah, o maior, o mais corajoso, o mais venerado dos monarcas desse extraordinário arquipélago, morto há pouco tempo em Kaïrohah; longos arranhões e queimaduras profundas nas faces dos habitantes gravaram essa perda.

Terminada a prece, eles vão alimentar o corpo. A mulher mais poderosa é a primeira a se servir, e os outros a imitam, mergulhando dois ou três dedos na cabaça cheia de um líquido em que foi colocada a farinha do *tacca* em pó, chamada *poé*. Os dedos são levados aos lábios; depois eles os chupam, os aspiram. Estão felizes, vivem.

Eu, autor desses relatos, sempre me sento à mesma mesa e guardo na memória com pesar esse momento de pesados e dolorosos soluços, a lembrança dessa pasta viscosa em que tantas mãos mergulhavam ao mesmo tempo, de seu gosto insípido e repugnante que revoltaria o estômago de qualquer europeu, a despeito de sua voraz gulodice.

Faz-se uma interrupção durante a qual as mulheres pulverizam os cabelos que tocam a testa e as têmporas de modo que, no decorrer do tempo, esses cabelos impregnados de cal viva formam uma coroa branca que contrasta maravilhosamente com sua pele acobreada.

Se a fome o incomoda, pior ainda, é preciso ter paciência até que toda essa operação termine.

Nesse momento, os altos dignitários, ou seja, os convidados mais poderosos cospem dentro de uma pequena cabaça cheia de flores, plantas aromáticas, folhas artisticamente recortadas, cobertas com cuidado por um tecido, e amarrado com vários nós, posta no chão logo após ter recebido a saliva real ou principesca. Os criados da cabana cearão à noite ou irão jantar amanhã a mistura contida na pequena cabaça, já temperada com a saliva dos príncipes e princesas. Deve-se observar tudo, ver tudo, tudo conhecer quando viajamos com o objetivo de colher informações. Experimentei (duas vezes somente) esse bizarro jantar e afirmo que, na primeira vez, julguei-o sofrível, porém mais tarde ele me pareceu abominável.

A segunda etapa começa: os pequenos recipientes cheios de flores continuarão umedecidos com a baba principesca, o que muito alegrará os criados que verão sua ração melhorada e aumentada. O leque gigantesco move sem parar sua palma refrescante, o suor dos comensais glutões esconde-se nos poros, conversa-se sobre pesca, passeios ao monte Mowna-Kaap, sobre pirogas elegantes, enquanto esperam sem tédio o novo prato que será servido.

Nesse ínterim, um homem afastou-se do grupo e colocou-se quase em frente da cabana diante de uma elevação de terreno de, no máximo, um pé de altura. É um túmulo onde será enterrado vivo um leitãozinho. Durante dois dias cavaram o chão e jogaram dentro do buraco calhaus, galhos e folhas secas que foram queimados. Durante o sono dos sandwichianos, a abertura da tumba permanecerá fechada e o calor mantido. Passado esse tempo, eles seguram um porco ou carneiro pela cabeça ou pela cauda, atiçam com força o fogo do forno para afastar o cascalho e a cinza e jogam, sem piedade, dentro da enorme abertura da caverna, a vítima inocente que se debate em vão nas mãos fortes de seus carrascos. Pedras reluzentes fecham a sepultura e a cobertura é pisoteada. Depois, cozinham o animal.

O sandwichiano terá sua festança. Após doze horas, retira-se a vítima do forno colocando-a delicadamente sobre uma toalha ou sobre uma grande folha de bananeira; o estrangeiro é servido com alegria pelo chefe da ilha que espera ser gratificado.

Assim que o animal é servido, um dos personagens poderosos esquarteja sua vítima com um pedaço de madeira pontiagudo e cortante. Cada um apodera-se de sua porção; duas horas depois você ouvirá na cabana dez, vinte, trinta roncos assustadores anunciando que os nativos estão fartos.

Já comi muitas vezes porco cozido em fornos como esses e, confesso, jamais saboreei carne mais suculenta, porém apresso-me a acrescentar que nunca experimentei os intestinos, muito apreciados pelos nativos da ilha de Owhyée. Quando o alimento é escasso, não se pensa duas vezes antes de renunciar a uma parte.

Acrescentemos ainda, para completar essa descrição, que nem sempre o jantar termina logo depois de terem comido o leitãozinho. Há com freqüência sobremesa na mesa do sibarita sandwichiano: melões deliciosos, cocos refrescantes, bananas suculentas, jamrosas azedinhas e, às vezes, também pequenas taças de vinhos *bordeaux* ou champanhe trazidos pelos navios cargueiros. Bebem também o *ava*, licor fabricado nas ilhas, que queima o palato e provoca delírios assustadores. Petit, meu fiel e destemido marinheiro, portanto resistente, só conseguiu tomar um gole e, assim mesmo, sua língua e seu peito ficaram cobertos de lava vulcânica.

— Que pena! — disse-me um dia o generoso companheiro de minhas perigosas viagens —, que o *ava* seja o fogo liquefeito. É tão gostoso!

O banquete terminou em roncos; de repente, ouviu-se um ruído horrível, a terra tremeu, parecia girar, as choupanas curvaram-se e reergueram-se, o Mowna-Kaah soltou um grito retumbante, seus flancos entreabertos vomitaram betume e enxofre em torrentes impetuosas. O mar enfurecido invadiu a praia e uma revolução aconteceu na terra, no oceano e na atmosfera. O sandwichiano levanta-se, grita freneticamente, percorre a praia aturdido. São sobretudo as mulheres que mais se destacam por sua exaltação febril diante dessa cólera da natureza e você as verá destemidas como marsuínos deitarem-se sobre pranchas talhadas em forma de peixe, que elas chamam de *paba*, e deixarem-se levar pela onda espumosa, submergirem no seu sulco, ganharem o alto-mar, buscando segurança no meio dessas vagas que ameaçam o céu. Amanhã reina a calma em Owhyée, as mulheres reaparecem, a vida cotidiana retoma seu curso.

JANTAR DOS PAPUAS

No país dos papuas uma imensa barraca de sol feita com vários tipos de folhas compridas, largas, aveludadas, pontudas, redondas e recortadas cruzam-se, comprimem-se, intercalam-se, levando ao desespero o pintor que procurar, inutilmente, apoderar-se de sua forma e colorido. No meio dessas folhas protetoras brincam uma enorme variedade de aves-do-paraíso, tão graciosas, alegres e ligeiras; os papagaios verdes e azuis, as rolas de barrete escarlate e uma multidão de outros habitantes dos ares povoam essa imensa e eterna solidão.

Veja você, a cúpula é esplêndida para as famílias viajantes que aí estabelecem seu domínio. Olhe agora para seus pés; você verá sapos monstruosos sugando o orvalho, serpentes cinzentas ou multicoloridas ziguezagueando pelo chão, centopéias e sua mordida venenosa, bem como o gigantesco lagarto da Nova Guiné, grasnando como um corvo e, às vezes, ferindo até a morte o imprudente explorador.

Isso não é tudo. Aqui vivem os papuas, seres baixos e corpulentos, mãos e pés enormes, a cabeça coroada por uma floresta de cabelos em que milhares de insetos de toda espécie se divertem. Têm o nariz largo e achatado, olhos pequenos e brilhantes, testa proeminente e a boca tão grande que se poderia dizer que eles conversam sempre com as orelhas.

Vamos segui-los.

A baía de Rawack é tranqüila e reflete o azul do céu. O papua sai de sua cabana sobre pilotis, empurra com o calcanhar a piroga feita de um só tronco de árvore, lança-a ao mar, agacha-se dentro dela e dirige-se para o alto-mar. Se a brisa estiver silenciosa, ele se distancia; se o vento sopra, ele ergue no meio da canoa uma enorme folha de coqueiro que lhe serve de vela e murmura seu canto de partida. São quatro ou cinco na piroga; dois remam a bombordo e a estibordo, um terceiro conduz a embarcação com o pé e o quarto fica de pé na proa, deslizando seu olhar sonhador à procura do imprudente peixe que brinca na superfície. Mostra ao companheiro que, a seu lado, está armado com um tridente de ferro de três polegadas de largura, fixado em um bambu da grossura do dedo mindinho e com seis a oito pés de comprimento. O dardo estremece, parte, assovia, você o verá se debater por um instante e depois se imobilizar... pescaram um peixe.

Em duas ou três horas a tarefa estará concluída, o grupo já garantiu um dia tranqüilo; retornam à praia, puxam para a terra sua embarcação e vão relaxar por um instante junto ao cemitério, onde estão fincados em estacas os crânios reluzentes das gerações extintas.

Após o trabalho, o salário; após o cansaço, o prazer e o repouso como recompensa: o papua está submetido a essa lei universal e sabe desfrutá-la com alegria.

Como cadeira ele tem a relva fresca, como abrigo as folhas ondulantes do coqueiro, como mesa uma grande folha de bananeira, como garfo os dedos, como tempero o apetite. Aqui as horas das refeições não são fixas; come-se quando se tem fome e quando se encontram os alimentos.

Os papuas parecem caçar os peixes em vez de simplesmente pescá-los. Alguns deles constroem um abrigo para ser utilizado durante o dia fincando na terra pequenos pedaços de madeira verde que formam um quadrado, coberto por uma grade também feita de madeira verde. Na cumeeira alinham-se, lado a lado, as vítimas da manhã. Um nativo, armado com um pedaço de madeira de meia polegada, afiada na ponta, entra em um espaço onde se encontra uma vala que termina em um buraco pequeno. Nessa vala são colocados ramos de erva seca; o homem agacha-se e prende entre os pés o pedaço de madeira. O pequeno bastão, mantido na posição vertical com a extremidade pontiaguda dentro do buraco, gira entre as mãos do selvagem e a rapidez da rotação provoca uma faísca que inflama as ervas.

Pode-se, então, obter fogo em Rawack. No entanto, senhores especuladores, ponham-se a caminho, mas levem fósforos. Como aconteceu comigo, vocês terão uma rica coleção de aves-do-paraíso, como rubis e topázios magníficos, admiráveis e custosos adornos das senhoras européias.

Parisienses, solicitados pela sede de riqueza, partam. Rawack está lá, sob seus pés, é seu antípoda; tocarão a ilha com a ponta do dedo e depois de viajarem felizes pelos mares, serão abrigados sob esses *rimas* gigantescos e ficarão ricos.

Os galhos secos são queimados, a chama sobe em espiral e logo colore os peixinhos estendidos sobre a grade que forma o teto do abrigo.

Se o peixe estiver sendo cozido com muita rapidez, o selvagem inquieto precipita-se e cospe no fogo para diminuir os efeitos das labaredas. Assim que a pele do peixe arrebenta, quando as escamas se abrem, endurecem e ficam crocantes, retiram-no da chama.

Cada convidado apanha com os dedos engordurados o peixe que estiver mais próximo; mastiga *gulosamente* a cabeça, a cauda, a espinha e os intestinos de sua vítima. Seu estômago é adaptado, creio eu, para digerir pedregulhos.

Veja bem como ele raspou com sua enorme mandíbula a tábua em que ficaram depositados alguns restos viscosos do peixe durante sua permanência no fogo; ele não quer deixar nada para os insetos da ilha esmagados sob o peso de seu corpo, e, quando a refeição termina, nenhum vestígio restará na treliça nem na folha da bananeira: tudo foi devorado.

Perto dali, existe um charco lodoso onde chafurdam lagartos, onde sapos engordam e répteis serpenteiam. O papua vai até o charco, debruça-se sobre ele, aproxima seus monstruosos lábios da superfície esverdeada e sacia sua sede. Algumas vezes, encontram-se outros mais sensatos que preferem água limpa a esta água estagnada.

Se o charco estiver seco, o papua escala como um gato o comprido tronco do coqueiro e arremessa no chão alguns de seus enormes frutos. Desce com a mesma rapidez; abre o coco e encontra dentro da casca dura um líquido leve, perfumado e delicioso.

Quando o mar está agitado, a atmosfera em fogo, o selvagem que habita essas terras não morre de fome. Já lhe disse que vive no meio de lagartos e serpentes. Pois bem! Eles são os substitutos imediatos dos peixes; mastigam peles pegajosas, vértebras nodosas, carcaças fétidas. A raça dos papuas vive graças a essa repugnante alimentação.

Isso não é tudo. Supondo que a tempestade e a voz do trovão tenham obrigado serpentes e lagartos a refugiarem-se na mata. Não pense que o nativo vai morrer de inanição. Carrega nos ombros uma vara de bambu verde da grossura de um braço e com cerca de dois ou três pés de comprimento: é seu armário, sua bolsa de caça, seu guarda-comida. Nele são amontoados peixes pescados na véspera misturados aos cadáveres de lagartos, tudo submergido em água aquecida. Jantarão essa reserva.

Pobre país em que seu povo se alimenta de peixes, serpentes, sapos, dos intestinos destes, das espinhas daqueles e que tem água estagnada e fétida para se refrescar...

Falei-lhe dos nativos de Rawack, de Vaiggiou e da Nova Guiné, porém só vi os que banham os pés em águas oceânicas; o interior das terras é povoado de ferozes antropófagos.

JANTARES DE NÁUFRAGOS[5]

Atravessamos rapidamente o vasto oceano Pacífico e ancoramos na baía Sucesso, situada ao sul do cabo Horn. Nuvens pesadas, recortadas pelos fantásticos morros que delineiam essa parte da América meridional, corriam de um lado para o outro como se anunciassem uma violenta luta entre os elementos da natureza. O marulho do mar assemelhava-se à água fervendo dentro de uma chaleira.

— O navio vai chocar-se nas rochas — grita com voz estridente o timoneiro.

— Rápido, solta o cabo — responde o capitão com sangue frio.

Felizmente, em cinco minutos a operação foi realizada, caso contrário, o navio se arrebentaria contra as rochas e morreríamos de fome nessa terra inóspita.

A tempestade anuncia-se, uma dessas tormentas que se vê, às vezes, em Bourbon, Île-de-France, Martinica, nos bancos de areia das Aiguilles e nos mares da China. Só ouvindo!

---
[5]Episódio que aconteceu na viagem feita por Jacques Arago, em 1867, no navio *Uranic*.

O oceano atingia as nuvens, o céu parecia cair sobre as ondas, o vento fazia, em um piscar de olhos, a bússola girar por completo, as ondas nos cobriam, continuamente, de uma extremidade a outra, os pedaços das velas voavam para todos os lados, o cordame soltava lúgubres assovios, os mastros estalavam e partiam-se sob a fúria das rajadas de vento. O caos era enorme, imponente, sublime em seu horror, em suas trevas.

Uma faixa branca como um banco de areia delineava-se diante de nós. É a terra, sem dúvida! Adeus pátria, adeus amigos! Alguém se arma com um revólver, outro com a baioneta, ninguém quer morrer nas ondas... Lá está a faixa brilhante, é verdade.

Mas não, uma onda alta como uma montanha nos empurra para o outro lado com a rapidez de uma flecha. Conferimos nosso ponto no mapa; havíamos ultrapassado o estreito de Lemaire. Que o vento continue a soprar, agora temos o mar para navegar e as laterais da corveta são grandes e fortes.

O nosso ponto no mapa não mentiu.

Partimos na direção da Patagônia, depois mudamos a rota e aportamos nas Malvinas; mais tarde, retomamos nosso caminho. No dia seguinte, navegamos novamente para as Malvinas (que os ingleses chamam de Falkland). Considerávamos como mau pressentimento a indecisão de nosso capitão, que talvez tivesse suas razões para agir dessa maneira.

Depois de dois dias vislumbramos de novo a terra que se esboçava diante de nós de forma regular na parte mais alta. A costa, no entanto, era recortada por pequenas enseadas estranhas, profundas, irregulares e protegidas por centenas de elevações povoadas por pingüins exibindo suas cabeças idiotas.

Era ali, supostamente, nossa última etapa, e saudamos com amor um abrigo conquistado com tanto sofrimento. Necessita-se repouso após três anos e meio de uma viagem marítima dolorosa, durante a qual perdemos os melhores marinheiros, os mais caros amigos.

Diante de nós descortinava-se uma grande baía; de repente ouviu-se um barulho! Cric! Crac!

O navio encalhou numa rocha submersa. O vento do cabo Horn era bem menos terrível!

A água subia e contávamos nossas horas de vida. O navio tombou para um lado... Silêncio! Estremece, agita-se, retoma sua posição. Viva! O oceano não nos quer.

O recife de coral que nos prendeu permanece incrustado na ferida; nós o levaremos decapitado de sua base, até chegarmos a um porto seguro onde o navio será aliviado de seu lastro e calafetado... Retornaremos à nossa pátria, tornaremos a ver nossos amigos, nossa velha mãe...

Contudo, a esteira deixada pelo navio provocou a queda da pedra incrustada e, em um instante, a água entrou aos borbotões. O calafate vem ao convés e anuncia a frase fatal: estamos afundando!

Primeiro o silêncio, a estupefação, depois, um grito: salvemos a pólvora! Braços incansáveis manejam as bombas; distribuímos alguns copos de aguardente à tripulação que se entrega corajosamente à tarefa desesperadora.

Após doze horas de um trabalho obstinado, heróico, entramos na baía dos Franceses; lançamo-nos dentro de jangadas, escaleres, botes, misturados com a pólvora e os fuzis.

Nosso primeiro cuidado ao tocar a terra foi de agradecer à Providência Divina a salvação inesperada. É bem verdade que nos encontrávamos sem mantimentos, quase sem esperança numa terra inospitaleira, gelada, onde não medra nenhuma vegetação e onde aportam poucos navios, porém nossas vidas foram salvas!

Agradecemos e abençoamos a Deus, com entusiasmo.

Estávamos no mês de janeiro, em pleno verão, mas as manhãs eram frias e, as noites, geladas. Enrolado em um casaco real zelandês, pensava em Robinson Crusoé, quando se aproximou de mim meu criado, protótipo de bondade e idiotice.

— Ah! senhor Arago — disse com o tom de voz de um homem angustiado —, estamos perdidos, irremediavelmente perdidos!

— Quem lhe disse isso?

— Tudo, senhor, o céu cinzento, a terra sem vegetação, a corveta que se rompe e um animal duas vezes maior que o bote grande. Acabei de vê-lo, ao longe, numa pequena enseada.

— Duas vezes maior que o bote?

— Três vezes a corveta.

— Imbecil!

— Que seja, mas um imbecil queimado, morto de fome ou devorado por algum monstro desconhecido das cinco partes do mundo.

— Vamos lá, acompanhe-me, apanhe seu fuzil; eu encarrego-me dos pedaços dos remos. Adam e Dubaud também vão nos acompanhar e você nos levará até seu elefante.

— Um elefante?
— Sim.
— Mas ele tem uma tromba!
— Por isso mesmo.
— Ele tem barbatanas.
— Pois bem, é um elefante-marinho.
— É possível, e já que você ordenou vou guiá-los.

Hugues falara a verdade: a um quarto de légua de nossas tendas um enorme elefante-marinho com a pele dilacerada chegara a essa enseada para, sem dúvida, morrer de velhice. Aproximamo-nos com cautela; Adam deu-lhe um tiro de fuzil à queima-roupa no olho. Dubaud atirou duas vezes em sua cabeça e eu, com meu remo, apliquei-lhe redobrados golpes em sua tromba. O monstro exalou um profundo suspiro, mas não se mexeu. Como escorria muito sangue, concluímos que nossa obra destrutiva acabara.

— O que você pensa disso? — perguntei a Hugues postado como uma sentinela ao lado do anfíbio.

— O senhor sabe muito bem que eu nunca penso.

— Perdão, amigo, eu havia esquecido; mas você sabe que há pouco estava errado.

— Como?
— E esse elefante?
— Vamos comê-lo?
— Deve ser delicioso.

— Mas ele exala um odor fétido.
— Não se come com o nariz.
— Ele está tão perto da boca!
— Você prefere morrer de fome?
— Caramba! Nem pensar. Falo do couro, que tem duas polegadas de espessura. Nossos dentes não foram feitos para mastigar sola de botas.
— É preciso habituar-se a tudo em caso de naufrágio, e estamos aqui para transformar necessidade em virtude.

A pobre corveta está inclinada para um lado entre dois rochedos, quase submersa, e quando a onda se quebra na praia ela levanta-se e abaixa-se continuamente, desprendendo alguns farrapos do velame ou do cordame.

Asseguro-lhe que é triste ver morrer dessa maneira um velho amigo sem lhe prestar socorro, um amigo que partilhou suas fadigas, seus perigos, em lenta e dolorosa agonia.

Não podemos olhar para esse desafortunado *Uranic* sem que lágrimas molhem nossas pálpebras e soluços sufoquem nosso coração. Mas é assim o ser humano, habitua-se a tudo, as misérias humanas desenrolam-se uma após outra diante dele sem que o cansaço e a monotonia o tornem indiferente e cruel.

Quinze dias após nosso triste naufrágio, vimos boiar, sem emoção, ao sabor da onda aventureira, alguns destroços da robusta corveta e, por pouco, nos rejubilamos com a nossa catástrofe. A desgraça irreparável é a que melhor suportamos.

Retornemos aos nossos jantares.

O comandante permaneceu a bordo. Na praia, parcialmente protegidas por uma vela úmida, algumas centenas de biscoitos arrastados pelas ondas esperavam por um abrigo mais seguro. Nenhum de nós ousou tocá-los, seria o último recurso em um momento desesperador, e temíamos ter de disputar, à mão armada, as únicas provisões que haviam restado do naufrágio.

O comandante, como é seu dever, permaneceu no navio descoberto. Queria saber se havia comida para a tripulação em terra. Enviei-lhe o seguinte bilhete: "A água é doce e abundante. Matamos um elefante-marinho, com ele não morreremos de fome."

A tripulação não comia há 26 horas. Reuni alguns homens e disse ao chefe despenseiro que logo voltaríamos trazendo mantimentos.

Armados com sabres e machados chegamos à pequena enseada onde o cadáver do monstruoso anfíbio jazia em uma enorme poça de sangue. Umas vinte águias e abutres já disputavam conosco a conquista: precisávamos de meios rápidos, destrutivos e eficazes e, então, ordenei aos marinheiros jovens e espertos que percorressem o terreno e trouxessem fuzis e revólveres. Em meia hora esse bando voraz que viera saciar sua fome à nossa custa foi barbaramente massacrado.

No entanto, éramos 121 homens esfomeados e extenuados. Carregamos nos ombros as águias mortas e os enormes pedaços de uma carne escura e dura arrancados a machadadas. Nosso trabalho estava apenas começando.

Era preciso cozinhar os alimentos, mas nesse solo ingrato não havia uma só árvore, uma única raiz. Na nossa adversidade só dispúnhamos da relva e da turfa.

Iniciamos nosso trabalho, procuramos as moitas menos úmidas e as amontoamos sobre os restos do remo e da verga. Acendemos algumas delas e logo se desprendeu uma fumaça negra. Colocamos sobre o fogo nossas provisões e, uma hora mais tarde, escrevi ao comandante: "Vamos jantar, porém lamento muito aquele que não tem dentes duros como o aço e o maxilar forte como um torno."

Era preciso ver-nos armados com machados e facões dividindo os restos do elefante, arrancando as asas e as pernas dos abutres e partilhando essa ração com a voracidade de um leão esfomeado. Quando a carne tocava nossos lábios nós a arrancávamos com as duas mãos, tentando deixar algum pedaço que, na impossibilidade de ser mastigado, poderia ser engolido como teríamos feito com o caroço do damasco ou com as pedrinhas da praia.

Nossa ração foi pobre e insignificante para cada homem. Cerca de duas horas depois, nossos dentes ainda rangiam e nosso estômago lutava contra as dificuldades de uma digestão quase impossível.

Sem sal, óleo, vinagre, pão e vinho, mas com uma fome devoradora, fizemos nossa primeira refeição nas Malvinas, como se estivéssemos sentados à mesa dos grandes restaurantes de Paris. Os que receberam de volta as carcaças dos abutres as engoliram empurrando com uma das mãos e com a outra tapando o nariz, tal era o cheiro fétido que exalavam.

Foi uma noite insone. Felizmente, no dia seguinte recomeçamos.

Os caçadores partiram bem cedo em direção à pequena enseada que apelidamos de nosso guarda-comida e voltaram trazendo uma dúzia de águias, três abutres e um enorme pedaço de carne cem vezes mais repugnante do que as carcaças da véspera, porque as aves de rapina haviam deixado nele as marcas imundas de sua estadia.

Logo concluímos que nosso organismo fatalmente sucumbiria a esses festins homicidas. Havíamos lido em relatos de viajantes que os espanhóis tinham abandonado alguns cavalos nesse arquipélago. No dia seguinte, fizemos uma bem-sucedida caçada aos cavalos. Assim, dessa vez, tivemos uma deliciosa refeição.

Ora, vocês, gastrônomos enfastiados e insensíveis, não sabem como é gostoso um grosso bife de cavalo selvagem servido sem molho, nem acompanhamento ou temperos, em uma mesa sem toalha, sob um céu cinzento, no deserto, quando na véspera farrapos de uma carne dura como couro e putrefata foram comidos vorazmente e quando o futuro se vislumbra aos olhos e à razão sem serenidade nem consolo!

Éramos nove sentados na tenda do Estado-Maior, incessantemente atormentados por um vento gelado acompanhado de uma chuva penetrante. Entreolhávamo-nos em êxtase, com um encantamento sem igual. A noite era bela, calma, apesar das rajadas de vento que açoitavam nossos frágeis abrigos. Havíamos jantado admiravelmente.

Todas as noites, logo após deixarmos a mesa, eu vestia meu casaco nativo, cobria a cabeça de meu chefe com um boné de pele de canguru e, fuzil no ombro, caminhava a passos lentos até uma lagoa rodeada de juncos; ali me ajoelhava e bebia grandes goles de uma água fresca, limpa, com a impressão que dela jamais me saciaria. A tripulação dizia: "Lá vai o senhor Arago ao café." Que seja; mas eu sempre trazia um ou dois patos, um ou dois gansos selvagens bem gordos, gentilmente ofertados a madame Freycinet,[6] que os aceitava com certa reserva, com uma discrição tocante, porque sabia que os víveres do dia seguinte eram sempre problemáticos.

Também, no meio da relva que cobria o solo turfoso que ressoava como um tambor sob nossos pés, apontavam pequenos frutos redondinhos, rosados, perfumados; com muita dificuldade conseguíamos encher uma caneca por dia. Era ainda madame Freycinet quem recebia a preciosa sobremesa.

Quanto à pesca, era muito difícil realizá-la; ainda não tínhamos redes e não podíamos contar com esse recurso porque os maus dias iriam chegar com suas trevas e os ventos polares.

No entanto, a caça aos cavalos era organizada com regularidade; os nossos mais hábeis atiradores percorriam

---

[6]Madame Freycinet era a esposa do capitão Freycinet, comandante do *Uranic*.

a ilha em todos os sentidos, e à noite podíamos, às vezes, nos rejubilar com a presença e a aparência de nossa refeição do dia seguinte.

Com certeza os cavalos imigraram para essas terras, já que só eram vistos de tempos em tempos. Na sua ausência, as águias, os abutres e, sobretudo, os gansos selvagens caíam sob nosso chumbo mortífero e, pensando bem, essa vida atribulada era muito agradável para o nosso espírito aventureiro. Imagine que acontecia, com freqüência, enquanto trazíamos nossos pássaros mortos para entregá-los ao despenseiro, sentirmos nossos ombros chicoteados pelas asas de uma águia ligeira querendo disputar conosco nossa conquista!

O elefante-marinho foi devorado, a desolada Tebaida por nós percorrida não alimentava mais os patos e os gansos, os mergulhões procuravam o mar onde vivem durante os meses mais rigorosos do ano e, sendo assim, perdíamos um pouco dessa alegria enlouquecida que alguns de nós facilmente demonstrava às gargalhadas. Atacamos as plantas; o agrião que crescia em volta dos pequenos lagos e das fontes que inundavam o terreno nos fornecia uma salada bem razoável. Contudo, o futuro anunciava-se mais e mais sombrio. Os alunos do navio tiveram a audácia de acrescentar ao agrião sem tempero uma folhinha recortada, sua vizinha no terreno.

Ai deles! Passaram mal; logo que os mais gulosos a experimentaram, foram torturados por vômitos horríveis e pouco faltou para que nesse dia tivéssemos de lamentar a morte de nossos melhores amigos.

Mas o artilheiro Rolland e Orièrs, deportado francês enviado para a Nova Holanda, que se escondera no navio por ocasião de nossa partida, resolveram alimentar toda a tripulação. Para isso embrenharam-se bravamente nas matas; empunhando fuzis, cheios de uma coragem heróica, de uma paciência admirável, não deixaram que nos faltassem alimentos. Sempre alertas, emboscados dentro de grandes fornos construídos por Bougainville, que se vangloriava de ter colonizado esse arquipélago, saíam ao amanhecer à caça dos cavalos selvagens e quase todos os dias matavam alguns.

Então, Orièrs, desejando loucamente obter seu perdão, punha-se a caminho à noite, sem guia, sem lanterna de bordo, em um terreno movediço onde, às vezes, afundava até a cintura e, mal acabava de chegar ao acampamento anunciando nossa refeição, partia de novo orientando os marinheiros encarregados de levar os alimentos a seus companheiros.

Dois meses, dois longos meses passaram-se desde nosso naufrágio; Orièrs e Rolland, incansáveis em sua devoção, continuavam suas caminhadas, impedindo que morrêssemos de fome.

Porém o inverno chegou, sombrio e ameaçador; o céu carregou-se de nuvens, os patos selvagens morreram, os mergulhões emigraram, as focas raramente apareciam nas praias, os cavalos atravessaram o canal a nado e alcançaram uma ilha mais tranqüila.

Retiramo-nos para o acampamento e, como Rolland e Orièrs não nos davam notícias há dois dias, ficamos sem jantar, e a noite foi como o inverno, escura e ameaçadora.

Alguns instantes antes de encalharmos, logo após nossa chegada à enseada, havíamos costeado uma ilha coberta por uma massa compacta de juncos de onde partiam gritos semelhantes ao rinchar do jumento. Enviou-se uma expedição a esse local, no que fizemos muito bem, porque encontramos alimento, porém, em pouco tempo tornou-se escasso.

Essa ilha recebeu o nome de ilha dos Pingüins.

Pobre região que devastamos em poucos dias, teve seu solo plano e turfoso regado por muito sangue, e cujas entranhas escavamos com a crueldade dos canibais.

Gostaria de vê-lo aqui, você que talvez excomungue os pobres náufragos sem alimento, insones, sem roupas, quase sem esperança!

A fome! Oh! É um terrível flagelo, um horrível castigo do céu!... A fome desconhece amigos, parentes, família; a fome é a crueldade sem perdão, é a raiva sem piedade, é o delírio sem clemência.

Deixe-me comentar sobre o homem que come, omitindo aquele que não tem o que comer. Se eu lhe traçar um quadro das torturas, dos dilaceramentos, das convulsões sofridos pelo homem que morre de fome e de sede, você deixará meu livro de lado e eu prefiro que você o leia do começo ao fim. Desejo que conheça detalhadamente meus jantares: reservei o mais interessante, o mais dramático para ser saboreado no final.

Para jantarmos os pingüins, fomos condenados a lhes declarar guerra, a caçá-los sem misericórdia. É preciso, então, que eu lhe conte; vou pôr a mesa.

Em torno da ilhota, como para defendê-la de qualquer aproximação, rochedos negros elevam acima das águas seus picos escorregadios e, pousados neles, os pingüins de pé agitavam com dificuldade suas aletas, giravam estupidamente a cabeça para a direita e para a esquerda e nos olhavam tolamente, sem fugir. Podíamos tocá-los com a mão e eles, mesmo assim, continuavam a aguardar nosso toque.

Matamos alguns desfechando duros golpes com o remo; mas esses peixes-pássaros são uma raça vigorosa e os que capturamos não satisfizeram as necessidades de uma tripulação esfomeada.

Descemos na ilha. O solo ressoava como um tambor sob nossos pés. Junto aos juncos, com cinco ou seis pés de altura, incontáveis exércitos de pingüins assumiam posição diante de seus refúgios subterrâneos. A coronha dos fuzis, as baionetas e os sabres esmagavam, furavam, cortavam; o sangue escorria das mil feridas dessas pobres vítimas e seus gritos agudos espalhavam-se pelos ares. Como os defensores das Termópilas ou os soldados de Waterloo, eles morriam, mas não se rendiam. Só precisávamos levantar os braços e deixá-los cair, foi uma carnificina, um massacre; estávamos cansados de matar impiedosamente esses heróis mártires.

Nessa primeira expedição matamos cerca de duzentos pingüins e outros refugiaram-se em suas moradias premidos pela dor.

Orgulhosos como Jasão após sua conquista do Velocino de Ouro, retomamos o caminho do acampamento e fomos recebidos como salvadores. No dia seguinte o reconhecimento arrefeceu-se.

Pingüim e foca pertencem à mesma família: a mesma acidez, a oleosidade, a dureza do couro. Se tivéssemos de mastigar sola de botas encontraríamos menos dificuldade, mas a fome! A terrível fome! Só ela, afirmo-lhe, seria capaz de nos impelir de novo até essa ilha enlutada que esquadrinhamos freneticamente. Pobres de nós! Oito dias após nosso desembarque passeávamos em um deserto.

Nada, nada mais dentro do ossuário; voltamos para o acampamento tristes e com fome.

Como a mudez na ilha dos Pingüins pudesse ser uma deliberação dos pássaros mais espertos, resolvemos organizar uma nova expedição. Fomos bem inspirados, porque nesse dia matamos um magnífico leão-marinho que alimentou a tripulação durante dois dias. A carne desse animal é menos ácida, menos dura e também menos oleosa que a do elefante e a do pingüim; em suma, é possível deleitar-se quando não se tem outra coisa para comer ou quando se está em jejum a 36 horas.

Porém, depois de todos esses expedientes, em um certo dia, surgiu a grave e terrível ameaça de refeições sangrentas, fruto de algum homicídio, que precisou ser executada.

Fomos pacientes e durante alguns dias vivemos pobremente, com um só boi selvagem morto por Oriès e alguns mergulhões idiotas mortos a pedradas. Era pouco, sem dúvida, mas era alguma coisa. Além do mais, meu querido café, onde bebo minha água limpa, não acabara.

Cobrimos o bote que iria a Montevidéu buscar socorro. Nessa embarcação mal equipada jogamos os restos de biscoitos salvos do naufrágio e alguma carne sem nenhum preparo. Duperrey e Bérard foram escolhidos para partir; antes de levantar vela, fizemos mais uma viagem à ilha dos Pingüins.

Um dia, perto dos rochedos escorregadios, quando eu e mais dois amigos caçávamos um leão-marinho, um jato rápido expelido por uma baleia chamou nossa atenção e nos maravilhou; dois filhotes a seguiam e pareciam brincar com ela. De repente, por desespero ou capricho ela lança-se em direção à praia com a rapidez de uma bala e se aprisiona entre duas rochas que formavam um largo canal. Podíamos vê-la também do acampamento e fomos todos ao encontro do monstruoso cetáceo. Quase sem água, sua imensa goela se abria convulsivamente e suas narinas jogavam no ar um líquido estranho e arenoso. Nós a rodeamos e desfechamos mais de cinqüenta golpes de fuzis, sem que ela se manifestasse e, por fim, temíamos que ela nos escapasse na maré alta.

— Rápido, rápido, um cabo e uma fateixa — gritou Barthe, originário de Bordeaux, e um dos nossos mais intrépidos gajeiros —; a comadre nos pertence e se nos apressarmos, encarrego-me de amarrá-la.

Corremos para o acampamento, o cabo e a fateixa chegam. Armado com um machado, Barthe sobe em um rochedo, desce em outro, aproxima-se do monstro, joga-se sobre ele, senta em seu dorso como se estivesse em uma cadeira, golpeia, corta, mergulha na carne e faz uma enorme abertura no corpo da baleia, que se agita, se debate, grita, se impacienta e chicoteia o mar com sua assombrosa cauda flutuante.

— Termine logo! — Gritos partiam de todos os lados, incentivando Barthe. — Acabe logo ou ela o afogará.

— Eu disse que dominaria o animal; eu o quero, eu o terei.

— Mas seu cretino — gritava Petit —, se ela se virar vai engoli-lo.

— Ela não fará isso, meu rapaz, porque está muito contente olhando você.

Barthe terminou bravamente sua tarefa; a fateixa foi cravada na enorme ferida e depois firmemente amarrada em um rochedo perto da costa, e aguardamos a maré que subia pouco a pouco. O monstro mexia-se com mais liberdade e, assim que a grande quantidade de água permitiu-lhe algum movimento, começou a mover a cauda, rebentou o cabo como se fosse um fio de cabelo e ganhou o oceano.

— Valeu a pena trabalhar com tanta habilidade! — disse Barthe. — Precisa-se, então, de grossos cabos para dominar semelhantes monstros?

— Eu trouxe minha linha — prosseguiu Marchais —, mas a baleia tratante içou suas velas e nos afundou.

— Ora essa! — respondeu Barthe. — Foi Petit que a enfureceu. Como não fugir diante de uma carinha dessa?

— Você disse, há pouco — replicou Petit —, que ela não se viraria com medo de nunca mais me ver.

— Sim, primeiro por curiosidade, depois se cansou.
— Está bem. Da próxima vez eu lhe deixarei sozinho.

Petit não recebeu piparotes de Marchais e anotou essa falta como um momento de felicidade nos anais de sua vida de miséria.

Começávamos a voltar para o acampamento quando o mar agitou-se violentamente, não muito longe dos rochedos; pela segunda vez a baleia — estaria ela enfeitiçada? — lançou-se na praia a dez braças de sua primeira parada, caiu de lado e permaneceu imóvel.

O mesmo fez nossa querida corveta que a cada dia enterrava-se mais e mais na areia e a quem, em breve, daríamos nosso eterno adeus...

No entanto, quando tudo parecia perdido, a Providência enviou-nos socorro.

Um navio que não conseguira dobrar o cabo Horn foi obrigado pelo mau tempo a ancorar em nossas paragens; chegou a todo pano, enviado por um céu generoso. Lançamo-nos no rio da Prata e ancoramos em Montevidéu.

No dia seguinte, comemos pão... E quase todos tiveram indigestão. Deus! Como o pão é gostoso!

BANQUETE SANGUINÁRIO DOS NEGROS-FEITICEIROS

É uma refeição excepcional, uma orgia sangrenta, uma festa a Macbeth; é ao mesmo tempo uma invocação e uma vingança sacrílega. A agonia da vítima não é longa, mas a alegria feroz, os uivos frenéticos, as libações duram até que os pulmões dos canibais se sintam satisfeitos, até que cessem os uivos dos convidados, no paroxismo febril da exaltação.

É mais uma página histórica que exponho diante de seus olhos; não é uma página sangrenta dos tempos antigos e duvidosos, mas, sim, de uma dessas narrativas passionais da atualidade que não precisam apoiar-se na tradição para permanecerem na memória dos colonos da Martinica.

Um negro, cujo nome fatídico foi por muito tempo estandarte de seus companheiros delirantes, o chamado Faïence, vindo da Senegâmbia, presidiu durante alguns anos as tenebrosas saturnais dos feiticeiros dentro de uma gruta profunda e sinuosa, onde os colonos não ousavam pôr os pés.

Faïence era um escravo fugitivo. Certo dia, fugiu da casa de seu dono e, no dia seguinte, este perdeu uma centena de seus animais. No outro dia, a mais lamentável mortandade aconteceu em seus estábulos; uma semana mais tarde, dois de seus filhos foram horrivelmente torturados até a morte. Seu amo viu-se obrigado a preparar seus alimentos para não morrer envenenado pelo veneno que o escravo espalhava cruelmente por toda parte.

Ele tinha cúmplices, sem dúvida, mas onde encontrá-los? Nenhum negro ousaria denunciar o culpado, apontar o lugar de seu esconderijo ou indicar as horas escolhidas para a execução de seus crimes. O denunciante sofreria torturas no mesmo instante.

Infelizmente, seu dono foi obrigado a render-se para não ver destruídas suas plantações, como viu morrer seus escravos e seus filhos, e Faïence reinou no país!

Para o banquete dos negros-feiticeiros uma criança era escolhida ou doada pela mãe. Vindos de todos os cantos da ilha, eles se reuniam na gruta misteriosa, sentavam em volta da vítima cujos gritos alucinantes assemelhavam-se aos do mar enfurecido vomitando sobre as lavas que chegavam até a praia. O chefe da execução, Faïence, depois de ter amaldiçoado os brancos, apoderava-se da pobre criaturinha e a despedaçava, às vezes com uma faca, outras com os dentes.

Braços e pernas eram dilacerados, cortados e entregues, na mesma hora, à ferocidade dos canibais; e o terrível juramento de extermínio era pronunciado sobre o sangue derramado.

Nenhum colono da Martinica conhece com exatidão os detalhes desses festins anuais, mas todos sabem que realmente existiram. Ninguém se certificou da quantidade de ossos humanos que cobrem e pavimentam esse esconderijo dos mortos.

ANTIGOS JANTARES BRASILEIROS

No Rio de Janeiro, na Bahia, em São Paulo, em Salvador e nas principais cidades das capitanias do Brasil, se você se sentar, descontraído, à mesa de colonos ou imigrantes, pensará estar participando, quase, de refeições européias. São bifes, rosbifes, galinhas, peixes preparados de forma mais ou menos adaptada: uma mesa redonda, oval ou quadrada, toalha, pratos, cadeiras, garfo, colher, facas e quase sempre... tédio. Tudo isso é monótono como o hábito, tudo recende à cidade européia em um raio de mil léguas, tudo isso lhe remete ao seu país, à sala de jantar de sua casa ou à habitação de seu vizinho.

A sobremesa é variada, frutas pitorescas e saborosas resplandecem à sua volta. São goiabas, mangas, bananas saborosas, abacaxis perfumados e um sem número de outras frutas deliciosas, doces ou ácidas, picantes, perfumadas que enriquecem essa terra privilegiada que a civilização já abastardou. Por toda parte onde essa déspota penetrou, esteja certo de que você encontrará extravagâncias ridículas, crimes, destruição... Não me fale de arte, de ciência, de indústria, mas, sim, do que eles custaram a introduzir, dos vícios que se seguiram e que só são guiados e refreados pela religião.

Em uma de nossas excursões, além da serra dos Órgãos, recortada em agulhas pelo capricho da natureza, em um terreno ondulado, guarnecido de florestas — nos picos muito altos lançados pelo Criador à beira da mais bela baía do mundo, como para impedir as invasões vindas do oceano Atlântico —, um dia descansei debaixo de uma espécie de varanda construída com estacas grosseiras recobertas artisticamente por folhas de palmeira. Começava a desenhar uma habitação vizinha quando o barulho de passos me fez virar a cabeça. Era um colono acompanhado de sua mulher, duas crianças e seis negros vestidos apenas com calças. A uma palavra do amo, os escravos pararam e só ele dirigiu-se a mim:

— O senhor é estrangeiro?
— Francês.
— Falo sua língua.
— Tanto melhor, porque eu não falo português.
— Qual o motivo de estar em um lugar tão isolado?
— O desejo de ver, observar, estudar; a necessidade de instruir-me.
— De quê?
— Dos costumes do país.
— O senhor está em um deserto.
— Pois bem, direi quando retornar que o deserto predomina no Brasil a algumas léguas de sua capital tão européia.
— O senhor estará dizendo a verdade; mas poderá acrescentar que no deserto surgem, aqui e ali, magníficas plantações, habitações agradáveis, espaçosas e hospitaleiras.

A mulher, as crianças e os negros juntaram-se a nós. Dando a mão aos dois pequenos, encabecei saltitando a marcha. Minhas extravagâncias, meus truques de prestidigitação alegraram o trajeto. Ao chegarmos à casa, entramos em uma grande sala enfeitada com tapetes de junco e algumas pinturas chinesas. Pedi permissão para fazer o retrato do filho mais velho do colono, muito bonito e uma doce criatura. A semelhança foi tão grande que o irmão mais novo pensou ser o Zinga, o negro mais feio da casa.

— Você jantou no Rio de Janeiro — disse-me o senhor Torres, depois das primeiras perguntas despertadas pela curiosidade. — Permita-me tratá-lo como um compatriota; nos lugares solitários gostamos de nos lembrar de nossas primeiras conquistas e, embora menores no momento presente, sentimo-nos vaidosos de nossas recordações.

Falamos então de Camões, de Cabral, de Minas, de Albuquerque, das Índias Orientais; pouco tempo depois, passamos para outra sala onde o jantar estava servido.

A mesa era redonda; éramos sete porque dois vizinhos chegaram naquele momento e foram convidados para o jantar. Doze escravos, corretamente vestidos, encarregavam-se de servir a mesa. Com a chegada do amo, as travessas foram postas sobre a mesa.

O senhor Torres fez o sinal-da-cruz, repetido por todos, e rezou em voz alta. As pessoas mantinham-se de pé, diante de seus lugares. Uma negra entrou na sala carregando uma bandeja com toda a louça e colocou-a sobre a mesa. O banquete começou.

A dona da casa serviu os convidados durante todo o jantar; virava-se para a direita e para a esquerda com gestos graciosos, sempre atenta para que nossos pratos não ficassem vazios.

Na sobremesa serviram as frutas mais deliciosas do mundo, assim como os mais delicados doces; os charutos foram oferecidos em uma bandeja de porcelana japonesa. A dona da casa ofereceu-me um que aceitei por pura cortesia.

O jantar durou uma hora. Falou-se pouco, comeu-se bem. Ao final, rezamos as preces de agradecimento.

JANTAR DOS ANTROPÓFAGOS

Não vá a Ombay, você, que a paixão pela ciência impele para tão longe de sua pátria! Não vá a Ombay se você ainda tem amigos, irmãos, família, uma mãe a quem gosta de contar as emoções vividas em suas viagens aos mais diversos países, em meio aos mais bárbaros povos do globo terrestre.

Ombay é uma ilha vulcânica, pavimentada, pode-se dizer, com ossos humanos porque todo europeu que ousa tocar sua praia nela encontra o suplício e a morte. Ombay é uma ilha sem baía, sem porto, onde os vilarejos guerreiam entre si, onde se bebe o sangue no crânio do inimigo vencido. Oh! Não vá a Ombay onde, no entanto, eu andei durante algumas horas misturado à população bárbara de Bitoka, um povoado empoleirado no alto de uma colina, semelhante a um ninho de águia, ou pior, a um ninho de abutres.

Os jantares dos nativos realizam-se ao ar livre, sob a cúpula de alguma vegetação, à beira do oceano, misturados aos gritos frenéticos da matilha furiosa que se atira impiedosamente sobre membros esfacelados, sobre carnes palpitantes ou apodrecidas, pouco importa.

Nas ilhas Fiji, na Nova Zelândia, no interior de Owyhée — para onde foram, mais tarde, missionários franceses com uma bravura sem igual, fixar sua cruz e estabelecer residência — pratica-se a antropofagia. Nessas ilhas, os nativos são antropófagos quando a sede de ódio e vingança lhes sobe à cabeça.

Porém em Ombay, perto do Timor, o indomável, a antropofagia faz parte de seus hábitos, de seus costumes, talvez mesmo de suas superstições. Em Ombay, só se considera guerreiro aquele que tiver um determinado número de cabeleiras decorando sua cabana.

Em Ombay aprende-se a matar, morder, mastigar carne humana, da mesma forma que, em outros povos, se ensina às crianças a andar, a nadar, a subir em árvores. Oh! Meus amigos, não vão a·Ombay! Primeiro, escute.

Uma calmaria nos paralisou no estreito que separa Ombay do Timor. De um lado, à direita, elevavam-se os picos negros e regulares como pães de açúcar carbonizados de Batouguédé.

Aqui, não há vegetação, nenhuma esperança para o viajante.

À esquerda, vê-se uma cidadezinha bem no alto da colina, como já lhe disse; mais além, num vale, uma fileira de enormes árvores nas quais o geólogo encontrará uma fonte de água abundante. Aqui, não nos enganamos.

A morte dizimava nossa tripulação. Há um mês estávamos reduzidos à meia ração de água; os marinheiros em suas redes pediam tempestades, tormentas; clamores inúteis! Os mais fortes de nossos gajeiros morriam torturados pela disenteria devoradora, a brisa continuava calada, o navio girava sobre sua quilha e o voraz tubarão aguardava ao longo da margem sua presa cotidiana. A corveta parecia um enorme hospital entulhado de empestados e, silenciosamente, os cadáveres eram lançados ao mar pelas portinholas.

— O que fazer? — O comandante do *Uranic* sentia-se impotente diante dessas forças silenciosas.

— Capitão — disse-lhe eu uma manhã, quando o sol surgia no horizonte —, o senhor deseja que eu vá a Ombay?

— Ombay é povoada por antropófagos.

— A tripulação está morrendo de sede.

— É provável que não haja água doce nessa colina impenetrável.

— Talvez sim e, além disso, nossa situação é tão crítica que nos incita a fazer uma tentativa, por mais perigosa que seja.

— Vá a Ombay, mas proceda com a maior prudência.

— Obrigado.

— Bérard comandará o escaler, Godichaud e Gaimard também o acompanharão; estou lhe dando homens bem determinados.

— Será o bastante.

— Partimos imediatamente e, remando, chegamos por volta das quinze horas na costa.

Não relatarei aqui o que contei em detalhes nas minhas *Recordações de um cego*; nem quero que você participe das cenas terríveis que faziam os ombaianos a cada palavra nossa, nos ameaçando o tempo todo com suas flechas e seus *crishs* envenenados; tampouco retratarei as fisionomias furiosas desses homens de ferro nos incitando à luta, para mais tarde nos devorar. Também não quero lembrar meu sangue frio que me permitiu exibir meus dons de prestidigitador e, assim, livrar esses pobres aventureiros dos dentes, das unhas e do fogo desses canibais.

Mas, depois de mil ameaças de massacre e de morte, após termos nos privado de todos os objetos de troca e de quase todas as nossas roupas, depois de ter prometido aos ombaianos outra visita para o dia seguinte, conseguimos embarcar. Chegamos ao navio uma hora da madrugada trazendo conosco algumas armas próprias do país e, ainda melhor, muitos barris de água doce, tão necessária à tripulação.

No dia seguinte, soprava uma brisa fresca. Nós a saudamos com amor e reconhecimento e navegamos em direção a Dielhy, onde aportamos antes do anoitecer.

Fomos recebidos pelo governador José Pinto de Souza com todas as honras; pedi-lhe guias, ou melhor, pilotos para ir a Oby, a ilha mais distante do Timor.

— Se possível, não vá a Ombay — disse-me ele em tom grave.
— Por quê?
— Por que você não voltará.
— Ora essa! Orfeu voltou dos infernos.
— Ombay é mais perigosa que Tenáre.
— E se eu lhe disser que já estive lá?
— Você?

— Sim, eu mesmo. Visitei Bitoka, confraternizei com os antropófagos, diverti-os, provoquei seu riso, enfim!

— Se você fez tudo isso, sua volta foi um milagre, o segundo permitido por Deus naquele lugar.

— Pois bem, o milagre aconteceu e os nativos de Bitoka sabem, atualmente, como se escamoteia noz-moscada e como os europeus podem salvar suas vidas ameaçadas. Mas quem lhe disse, senhor Pinto, que os ombaianos são tão temidos?

— Nunca consegui sujeitá-los. Mais de vinte expedições realizadas por mim e comandadas por meus oficiais tiveram resultados sangrentos; nem os fuzis e as baionetas conseguiram submetê-los. Suas flechas e seus *crishs* são envenenados, e sua coragem paira acima de qualquer perigo.

— O senhor quer colocar-me à frente de outra expedição?

— Não, com certeza, eu me reprovaria por causar tamanha desgraça. E para tentar fazê-lo desistir, quero lhe apresentar a um dos soldados que enviei a Ombay, há um mês, e que se salvou por um milagre tão grande como o que lhe poupou a vida.

— Vamos conhecer o ressuscitado.

Este homem chamava-se Iriarte; era espanhol e parecia ter sido banido de seu país por algum delito, e perdoado com o exílio. Era valente e tranqüilo, falastrão, fanfarrão e contou-me friamente as horríveis cenas que testemunhara.

Ele é o autor do que vou narrar. Se eu lhe disser que já participei de cenas de canibalismo, se quiser persuadi-lo de que fui vítima dessas orgias, não mereceria crédito. Deixemos então falar Iriarte.

— Éramos 25, todos armados até os dentes com fuzis, sabres, punhais, revólveres, e todos bem decididos. A expedição era comandada por dom Almeida, um dos oficiais do senhor Pinto, que havia decidido não perdoar a ninguém, nem mesmo os rajás que caíssem em nossas mãos.

Embarcamos em três pirogas bem ligeiras, com remadores malaios de grande competência.

Assim que chegamos no meio do estreito, a maré nos ajudou, e como a noite estava escura e o vento violento, esperávamos chegar sem sermos vistos nem ouvidos; mas os ombaianos não dormem, penso eu, a não ser com um só olho. Sempre em guerra uns contra os outros, sempre metidos em violentas lutas de cidade em cidade, têm sempre homens alertas e, apesar de nossas precauções, caímos em uma emboscada.

O que há de singular nesse povo sanguinário, vomitado pelo feroz Timor, é a confraternização entre todos os nativos logo que um inimigo estranho surge; o ódio entre eles desaparece enquanto durar a expedição. Terminada a refeição com carne humana, os lobos retornam ao seu covil prontos a recomeçar suas infernais orgias.

Desembarcamos às quatro horas da madrugada deixando as pirogas sob a guarda dos três malaios. Espremidos uns contra os outros caminhamos na direção de Kormaka, onde esperávamos encontrar todos dormindo. Almeida estava à frente do pelotão. No momento em que ele se voltava para nós, recomendando o mais absoluto silêncio, caiu morto atingido por uma flecha que perfurou seu pescoço. A partir daí, nos sentimos perdidos, apesar de um português ter assumido o lugar de Almeida; cada um de nós procurava um inimigo no meio das trevas e na mata espessa que nos envolvia.

Deitados na terra, ouvíamos um barulho contínuo no matagal; o português ordenou que apontássemos a arma para cima e disparássemos... Mas a crueldade é irmã da astúcia e não havia nenhum ombaiano. Matamos um búfalo, ferimos outro que fugiu mugindo horrivelmente e, enquanto nos dirigíamos para a mata, sabre em punho, os nativos postados na retaguarda nos atacaram com uma saraivada de flechas envenenadas, colocando onze de nossos soldados fora de combate. Está tudo acabado, pensávamos; o desânimo apoderou-se dos restantes. Dirigimo-nos à praia para alcançarmos nossas pirogas, porém elas já estavam em poder dos nativos. Dois malaios que guardavam nossas embarcações foram mortos a flechadas, o terceiro teve o braço direito amputado por um golpe de *crish*. Começamos a fugir; sobrevivi por ter decidido morrer ali mesmo. O bando enfurecido que partiu ao encalço dos fugitivos, paralisados pelo impulso mais rápido das flechas, me ultrapassou e parei em uma clareira. Agachado em um buraco do rochedo assisti ao sangrento espetáculo que se desenrolava diante de meus olhos.

O mais lúgubre silêncio sucedeu aos gritos raivosos dos combatentes, e, como lobos esfaimados, os ombaianos percorreram o campo de batalha. Os feridos e os mortos foram arrastados pelos pés até a clareira onde se consumaria o sacrifício. Então vi os selvagens canibais contarem as vítimas com a alegria do Diabo, enquanto os prisioneiros, deitados, esperavam o início de seu suplício.

Um amontoado de galhos e folhas secas foi carregado por mulheres e crianças, tão apressadas quanto os combatentes para pôr em ação seus dentes agudos nas carnes sanguinolentas. Logo a chama crepita, rodopia, e dentro do imenso braseiro, alimentado sem parar, foram jogados dois cadáveres e um malaio vivo que não demorou a se retorcer no interior do braseiro. Durante esse terrível drama, os ombaianos cantavam seus cânticos triunfais e dançavam em volta da fogueira. Meia hora depois, as mesmas mulheres e crianças que haviam trazido as folhas e galhos secos foram até a praia, onde encheram as cabaças com água para apagar o fogo. Depois, os corpos negros e queimados foram cortados e esquartejados. O rajá encarregou-se da parte mais farta do banquete; é verdade também que ele demonstrou ser o mais corajoso durante o combate e que seu furor fora acrescido por um ferimento no ombro que ainda sangrava.

Mastigavam freneticamente os membros de meus desafortunados companheiros, e essa horrenda refeição representava uma assustadora agonia para aqueles que esperavam, sem esperança, o mesmo destino.

Saciado o apetite, iniciaram uma nova ronda; o rajá aproximou-se de um prisioneiro ordenando-lhe que se sentasse. Logo após ter obedecido foi degolado, com um só golpe de *crish*, pelo chefe do bando, e sua cabeça rolou na área em meio aos latidos dos canibais.

Em seguida, beberam utilizando-se do crânio que haviam acabado de partir ao meio, esvaziado e mais ou menos limpo com folíolos de coqueiro; a taça passava de boca em boca, à medida que esvaziava.

Após alguns instantes de repouso os nativos adormeceram, como cansados depois de um festim. Despertaram com novos apetites, e, sem dúvida temendo que as vítimas vivas escapassem, suplicaram ao rajá que as matasse. Discutiram, creio eu, para saber se a tortura precederia a execução; dessa vez, mostraram-se mais humanos e, a cada golpe do *crish*, um cadáver caía por terra.

Eu tremia no meu esconderijo, com os olhos pregados no espetáculo horrível que se desenrolava diante de mim, não conseguindo desviar o olhar, como um pássaro fascinado por um réptil e com a certeza de que se a refeição de amanhã fosse no mesmo lugar, teria o mesmo destino dos meus desafortunados companheiros.

Não sei qual foi o motivo que resultou numa discussão violenta entre dez combatentes de dois vilarejos inimigos; os guerreiros tomaram partido, dividiram-se no meio dos adversários. Os *crishs* foram desembainhados, as flechas armadas em seus arcos distendidos, e um novo combate teve início entre os vencedores de nossa expedição. Durante a luta arrastei-me, de gatinhas, até a praia e atirei-me dentro de uma pequena piroga, lançando-a às ondas facilmente. Favorecido pelo fluxo e refluxo da maré, afastei-me da terra agradecendo a Deus de todo meu coração por ter escapado vivo de uma morte quase certa. A piroga deixou a ilha sanguinária; o senhor Pinto, preocupado, enviara outras embarcações a Ombay; gritei por socorro e fui resgatado. A Providência me salvou.

Este foi o relato do soldado.

De todos os festins selvagens, dos índios da América setentrional aos dos negros da África central, não há nada mais horripilante e repulsivo do que os banquetes de carne humana dos habitantes da Oceania!

EPÍLOGO

Ao terminar a leitura deste pequeno livro, é indispensável que se faça uma reflexão. Os povos menos civilizados, mais rudes, em geral se preocupam menos em satisfazer o corpo com a boa mesa. Sem dúvida, quando premidos pela fome, eles comem avidamente e, às vezes, em excesso; mas é uma gula normal, e não é a voracidade que queremos lhes criticar. São bem menos cuidadosos do que os povos civilizados na escolha, na variedade dos alimentos, e em apurar-lhes o sabor com temperos e misturas. Mas nós, que somos mais esclarecidos e mais instruídos, deveríamos reconhecer que nos esmeramos em cuidados excessivos e vergonhosos, com essa ação bestial que consiste em mastigar a matéria com os dentes para introduzi-la no estômago. Para alguns homens, essa aviltante mastigação, que os aproxima tanto dos animais irracionais, chega a ser uma das ações mais importantes do dia, com a qual mais sonham e pela qual fazem grandes despesas!

Entretanto, a filosofia pagã, bem como os oráculos da fé cristã, nos dizem: "Come-se para viver e não se vive para comer!" Os moralistas, e com eles o Evangelho, os doutores da Igreja, os pregadores, os mestres da vida espiritual declaram que a gula é pecado, que é inimiga do corpo tanto quanto da alma, que mata mais homens que a peste e a guerra, que um dia será punida por Deus assim como o orgulho, a avareza e os outros pecados capitais. Quanto à embriaguez, irmã da gula, quem ignora a devastação que ela provoca no mundo inteiro e as inúmeras desgraças dela decorrentes: perda da saúde, da honra, do dinheiro, da inteligência e quase sempre da vida!...

Graças a Deus, nossos leitores evitam as mais grosseiras intemperanças, porém, conseguem reprimir a gula? Essa gula não é um pecado menor, comparado a muitos outros? Poderia ser, e por isso nos convida a reproduzir aqui algumas reflexões práticas de um sábio e de um moralista espiritual, e que serão, afinal, úteis a todos os leitores.

"Gostar da boa mesa!" Como essa expressão ressoa agradável aos ouvidos de tantas pessoas! Como são numerosas as pessoas que consideram as refeições um assunto de capital importância,[7] um bom jantar, um prazer incomparável; um dia de jejum, algo aterrorizador, uma penitência dificílima.

O estudo da boa mesa é, para eles, mais do que um passatempo, é ciência e arte: o conhecimento de vinhos mais ou menos finos é um título que envaidece; em suma,

---

[7] Se pelo menos eles tratassem da alma como tratam de seus corpos! Mas esses homens que encontram tempo para comer copiosamente três ou quatro vezes por dia, para, dizem eles, alimentar e conservar o corpo, não encontram cinco minutos para nutrir e fortificar a alma, seja rezando, dedicando-se a leituras religiosas, seja ouvindo a palavra de Deus e sobretudo comungando! Seus corpos adoecem por causa dos excessos, pela superabundância de sangue, enquanto suas almas morrem de fome.

para eles a vida é avaliada por seus bons jantares e pelos que oferecem aos outros, e os gastos com a mesa superam todas as outras despesas.

Entendo perfeitamente que essa imperfeição moral afete apenas as pessoas que não pensam em Deus, que sonham unicamente com os prazeres terrenos, que limitam seu horizonte a essa vida. No entanto, sob o ponto de vista humano, parece-me pueril, grosseiro, semelhante ao animal irracional: "fazer de seu ventre seu deus", repetindo uma expressão forte que só ouso reproduzir porque é citada nos livros santos. Para um homem, isto é, para um ser racional, o rei da criação, que domina a natureza e que com sua ciência acompanha e prevê a trajetória dos astros, enquanto obriga as forças da natureza a servi-lo, parece-me mesquinho que se rebaixe diante de coisas tão banais, e vergonhoso que seu prazer seja tão animalesco. Para um cristão sincero esse pecado, para mim, é incompreensível e indesculpável.

O cristão não duvida da existência da vida após a morte; sabe que terá de prestar contas a Deus de sua conduta, do mal que tenha praticado e do bem que não tenha feito. Ele leu nos santos Evangelhos a assustadora parábola do rico perverso que vivia no fausto e cujo único pecado foi ter esquecido de seu irmão pobre. Não ignora que existam perto dele, na mesma rua, dentro de sua casa, talvez à sua porta, pessoas que se deliciariam com alimentos que ele rejeita por considerá-los indignos dele. A Igreja, em suas cerimônias e em suas orações, recomenda-lhe incessantemente o jejum e a esmola; ouve a voz dos ministros de Deus lembrando-lhe seus deveres para com os infelizes que sofrem e necessitam tanto de sua ajuda. Mas, apesar das advertências feitas ao seu coração, das exortações da Igreja, seu desejo é o prazer vulgar, nele consumindo uma parte expressiva de seu tempo e de seu dinheiro. Com certeza ele não refletiu a respeito, porque se o tivesse feito, se meditasse com seriedade, as constatações surgiriam, induzindo-o a mudar sua conduta. Limito-me a citar as principais:

1º — O hábito da boa mesa é contrário aos princípios do Evangelho e da Igreja. O Evangelho prega incessantemente a penitência e encerra estas surpreendentes palavras: "Bem-aventurados os pobres, bem-aventurados os que choram; se não fizeres penitência, morrerás." A Igreja, designada pelo seu autor como intérprete do código evangélico, instituiu em todo o ciclo do ano cristão uma série de dias de jejum, de abstinência, ou seja, uma vida totalmente oposta aos prazeres da boa mesa. Mesmo quando não se comete um pecado explícito, não é um grande risco, uma temeridade, contrariar o que prega o Evangelho, opor-se aos dogmas da Igreja? Não é expor-se a um arrefecimento progressivo da prática religiosa cristã, da brandura do coração, da perda do interesse, de tudo que, pouco a pouco, diminui em nós a capacidade de perdoar e nos afasta do caminho da salvação? Não é, sobretudo, deixar que predomine nossa sensualidade, nossa vida material, terrena, em detrimento da vida sobrenatural, voltando-nos para a terra e nos distanciando do céu?

2º — O hábito da boa mesa consome um tempo precioso. Muitos católicos não participam, de forma expressiva, desse tipo de atividade, desse dinamismo que sempre superabundam nos inimigos da Igreja: pois bem, a boa mesa não é uma causa importante para um grande número de pessoas? É bem verdade que o hábito de intermináveis refeições está desaparecendo por toda parte, está fora de moda; esse abuso vem diminuindo, mas ainda perdura, de uma certa forma. Examinando a vida no campo, na província, constatamos que ali, também, uma grande parcela de tempo é dedicada à mesa, às refeições com vizinhos, com a família. É claro que não queremos ser absurdamente rigorosos; as refeições em conjunto constituem um elo útil e necessário para as relações domésticas e sociais, porém, em vez de passarmos duas ou três horas à mesa, de dedicarmos outro tanto ao café, ao charuto, decorrências indispensáveis de um bom jantar, deveríamos abrir mão de uma só hora desperdiçada nessas grandes ocasiões e, com isso, ganhar bastante tempo, que será mais bem empregado. Não prejudicando a saúde com tais jantares, teríamos mais tempo para o lazer e armazenaríamos mais energia para melhor usufruí-lo. Quando pedimos a um cristão para associar-se a uma obra de caridade, visitar doentes, instruir os ignorantes, essas pessoas tão esquecidas, a resposta de nove entre dez cristãos é que eles não têm tempo. Ao refletir sobre essa prática tão pouco cristã nos surpreendemos ao constatar que muita coisa pode ser feita durante uma vida.

3º — O hábito da boa mesa arruína as famílias. A respeito dos dissipadores de suas fortunas, emprega-se com freqüência no mundo inteiro a expressão vulgar: "Esse homem comeu seu patrimônio." Infelizmente ela é verdadeira, no sentido rigoroso da palavra. Para se dar ao prazer de saborear iguarias requintadas, os mais finos vinhos, quantas pessoas gastam acima de suas posses, de forma irracional! Cada indivíduo deve ter uma alimentação saudável, abundante, compatível com seu nível socioeconômico, nada mais que isso. Para satisfazer uma paixão banal, ele não deveria criar dificuldades em seus negócios, porém, mesmo que não chegue a esse ponto, mas gaste uma grande quantia, aí está o erro, o abuso; o dinheiro mal empregado poderá sempre ser mais bem aplicado.

4º — Enfim, o hábito da boa mesa nos torna insensíveis, incapazes de compaixão pelos pobres. Essa insensibilidade manifesta-se de duas maneiras: primeiro, a boa mesa custa muito caro. Como dizia um eloqüente orador religioso, Deus dispôs a baixo custo todas as coisas necessárias à vida; e excessivamente dispendiosas todas as que se destinam ao luxo. É fato incontestável que o luxo, de modo geral e, em especial, o luxo da mesa, é devastador, sobretudo nas grandes cidades. Quando se destina tanto dinheiro a uma só causa, nada sobra para os pobres, para os que sofrem, que passam fome. Além disso, o hábito de se ter tudo o que se deseja deixa o coração empedernido. Por que existem pobres? Muitas pessoas se interrogam assim, mesmo após um bom jantar. Por que há tantos esfarrapados, tantos magros, tantos sujos? Porque, respondem com uma certa franqueza, são preguiçosos. É evidente, dizem, eu trabalhei, eu e meus pais; também desfruto de minha energia e da dos outros; estou bem vestido, moro bem, estou bem nutrido. Se eu ou meu pai tivéssemos sido preguiçosos, seria igual a eles. Que trabalhem, assim ficarão ricos. E depois dessa bela explanação, desviemos os olhos desses infelizes que nos parecem repugnantes e vamos sonhar com um outro jantar e nos regozijarmos com a vida. Certamente, isso é ser cristão? Oh! As ilusões!

Preservemo-nos desse pecado, meus caros leitores. Seja o que for feito a nossa volta, qualquer exemplo que nos dê nossos vizinhos, nossos pais, conservemos a frugalidade. Assim encontraremos uma maneira de fazer o bem do qual não duvidaremos; um bem que faremos a nós e aos outros, dando nosso exemplo e, se não nos for possível refrear a torrente do luxo da mesa, pelo menos teremos o consolo de não nos deixarmos arrastar por ela.

Este livro foi impresso nas oficinas da
DISTRIBUIDORA RECORD DE SERVIÇOS DE IMPRENSA S.A.
Rua Argentina, 171 – Rio de Janeiro, RJ
para a
EDITORA JOSÉ OLYMPIO LTDA.
em dezembro de 2006

*

75º aniversário desta Casa de livros, fundada em 29.11.1931